Wilma Hofmayer · Tafelspitz und Himbeerbrause

Wilma Hofmayer

Tafelspitz und Himbeerbrause

Ein kulinarischer Streifzug
durch das Leben einer Steyrerin

– mit 70 Rezepten –

ENNSTHALER VERLAG STEYR

www.ennsthaler.at

ISBN 978-3-7095-0161-0
Wilma Hofmayer · Tafelspitz und Himbeerbrause

Ennsthaler Gesellschaft m.b.H. & Co KG, 4400 Steyr, Austria
Satz und Umschlaggestaltung: DIE BESORGER mediendesign & -technik, Steyr
Alle Fotos: Privat/Hofmayer
Druck und Bindung: PBtisk a.s.

FSC www.fsc.org MIX Paper | Supporting responsible forestry FSC® C004378

Inhalt

Wilma Hofmayer, hier mit einem Tafelspitz und feinen Beilagen, ist eine leidenschaftliche Köchin und Gastgeberin.

Vorwort

Liebe Leserin, lieber Leser!

Einige meiner Familienmitglieder werden die Hände über dem Kopf zusammenschlagen. Sie werden sagen, jetzt schreibt sie auch wie ihre Mutter. Wir haben schon deren literarische Auswüchse nicht lesen wollen oder gar nicht gelesen. Ich kann es euch nicht verdenken, mir ist es genauso ergangen.

Es ist nicht meine Intention, die Vergangenheit zu verklären oder zu verfälschen, sondern meine Erinnerungen ehrlich und offen wiederzugeben. Nichts auf diesen Seiten ist frei erfunden, wenn auch subjektiv und wenn auch manche aus meiner Familie die gleichen Situationen vielleicht anders erlebt haben oder glaubten, dass sie sich anders abgespielt hätten.

Ich habe geschrieben, weil mir während der Corona-Pandemie ziemlich langweilig war, weil ich Zeit hatte, um nachzudenken, weil ich viel allein war und weil ich oft nicht schlafen konnte und schon um 5.30 Uhr aufgestanden bin (mein Bruder Hans prägte einen treffenden Ausdruck: »Senile Bettflucht«).

Was soll man so früh machen? Man schaut aus dem Fenster, es ist noch finster, aber gegenüber sind drei Fenster schon erleuchtet. Neonlicht! Vielleicht jemand aus dem Pflegebereich, vielleicht jemand im Schichtbetrieb der Böhlerwerke. Ich bin also nicht die Einzige, die schon wach ist. Ich mache mir einen doppelten Espresso aus der Maschine, dazu selbst gebackenes Brot, bestrichen mit Leberpastete, natürlich auch selbst gemacht. Oder mit Bärlauchbutter, vielleicht etwas Kräuterkäse, Radieschen und Gurkenscheiben. Mein Kopf beginnt zu arbeiten.

Ich erinnere mich an dies und das, will es in Erwägung ziehen, verwerfe es wieder. Nicht alles aus meinem Leben ist es wert, auf Papier gebracht zu werden. Es gab Strecken der Langeweile, des Stresses, es gab Liebe und Enttäuschung, und es gab Zeiten der Trauer.

Viel Freude mit Musik gab es, Erholung in der Natur, schöne und weniger schöne Urlaube und viele interessante Reisen. Immer gab es beglückende Begegnungen mit Menschen, die bis heute meine Freunde geblieben sind.

Ich liebe es zu essen, zu kochen! Der wichtigste Grund dafür aber ist, dass wir Freunde uns treffen, dass wir Spaß haben, diskutieren und uns gegenseitig helfen. Und wenn das Essen allen geschmeckt hat, ist das eine ganz besondere Freude.

Daher soll dieses Buch den Blick besonders auf Situationen lenken, die mit Essen und Kochen zu tun haben. Wie ein unsichtbarer Faden sollen diese Episoden durch mein Leben führen, eventuell auch einen kurzen Blick in mein Inneres gewähren.

Vielleicht sind es auch die Rezepte, die oft erprobt und für gut befunden wurden, die manchen dazu bewegen, dieses Buch zu lesen und die eine oder andere Delikatesse nachzukochen.

Ich hatte jedenfalls große Freude beim Schreiben, beim Erinnern.

Nun wünsche ich viel Spaß beim Lesen, Kochen und Backen!

1 Am Anfang war der Aprikosenpudding

Schon lange lag dieses verlockend duftende Päckchen in unserer Kredenz. Woher es stammte, wusste niemand. Dass meine Mutter oder mein Vater es gekauft hätten, war unwahrscheinlich. Sicher war es von irgendjemandem als Gastgeschenk mitgebracht worden (in den 1950er-Jahren wurde so etwas noch verschenkt, heute undenkbar). Ein kleiner, bunter Karton, bedruckt mit zwei rosaroten Marillen, ließ auf den Inhalt schließen.

Da die Bestückung unserer Kredenz mit Lebensmitteln sehr bescheiden war, weckte dieses Päckchen meine besondere Neugierde. Immer wieder beäugte und beschnupperte ich es. Unbemerkt bohrte ich Löcher in den Karton, um das Innere zu erforschen. Nur ein weißes Säckchen befand sich darin, aber dieser Duft! Heute würde ich sagen, es roch nach reinster Chemie, künstlich hergestelltes Marillenaroma.

Ich bat Mutter, dieses Objekt meiner Begierde doch endlich auf den Tisch zu bringen. Schließlich erfuhr ich, dass es sich nur um einen Pudding handle, der irgendwann einmal zubereitet werden würde.

Pudding, nämlich Vanillepudding der Marke Dr. Oetker, gab es hin und wieder. Ich mochte ihn nicht besonders. Oft hatte er noch kleine Verdickungen in sich, die, wie ich heute weiß, aus der Ungeduld und dem Unwillen meiner Mutter gegen das Kochen im Allgemeinen resultierten. Oder er war fest in seiner Konsistenz, was daher rührte, dass meine Mutter nie eine Waage oder einen Messbecher benutzte und die Zutaten nur »so ungefähr« im Topf landeten. Dann konnte man den Pudding mit Messer und Gabel essen. Manchmal schmeckte er auch angebrannt und musste entsorgt werden.

Schön langsam verlor ich mit meinen fünf oder sechs Jahren die Geduld. Ich konnte noch nicht lesen, oder vielleicht fehlte mir auch die Lust dazu. Ich musste heute diesen Pudding zubereiten und würde ihn mit Genuss ganz allein aufessen!

Oft habe ich meine Mutter beobachtet, wenn sie kochte. Da musste alles sehr schnell gehen. Die Flamme des Gasherds anzünden, Topf darauf, Milch hinein. Immerhin wusste ich schon, dass Pudding mit Milch zubereitet wird. Dann öffnete ich endlich das weiße Säckchen und schüttete den Inhalt in einem Zug in die kochende Milch. Sofort klumpte das Puddingpulver zu einem Knödel zusammen, die Milch kochte über, die verbleibende Milch brannte an und der Kloß ebenso.

Erschrocken drehte ich den Herd ab, bevor ich meinen vier Jahre älteren Bruder zu Hilfe rief. Dieser schimpfte wie ein Rohrspatz, ließ mich den Herd putzen und öffnete alle Fenster, da ein widerlicher Gestank von angebrannter Milch durch die Wohnräume zog. Er sah sich den kleinen Karton an und bemerkte mit Verachtung: »Aprikosen! Ein deutsches Produkt.« Danach erklärte er mir, wie man einen Pudding kocht und dass die Zubereitung auf der Rückseite der Packung beschrieben sei.

Bei Fertiggerichten (werden bei mir sehr selten verwendet, Ausnahme: Rindsbratensoße – ich brauche sie für die Soße meiner Schwedischen Fleischbällchen, natürlich sehr verfeinert) beherzige ich diesen Ratschlag meines Bruders nach wie vor, stets lese ich mir vorher genau die Zubereitung durch und befolge sie auch.

Dieser Misserfolg zeigte mir schon in frühen Jahren, dass Kochen gar nicht so einfach ist. Erfahrung, Geduld, Achtsamkeit und vieles mehr macht gutes Kochen aus. In den folgenden Kapiteln wird man noch oft davon lesen.

Traurig betrachtete ich damals das Ausmaß meines Tuns, probierte auch ein wenig vom angebrannten Kloß und musste feststellen, dass er ungenießbar war.

Wie ich es bei meiner Mutter gesehen hatte, die manchmal auch das Ergebnis ihrer Koch- und Backkünste wegwarf, landete der Knödel im Abfall, und mit dem »Drahtwaschel« säuberte ich mühsam den angebrannten Topf. Gott sei Dank verriet mich mein Bruder nicht, so kam ich ohne Strafe davon. Vater merkte schon, dass es nach angebrannter Milch roch, aber er sagte nichts.

Pudding

Wie man einen guten ***Pudding*** *kocht –*
für Leute, die nicht gern die Zubereitung auf der Packung lesen:

Du musst wissen, dass gekauftes Puddingpulver hauptsächlich aus Maisstärke besteht. Dieses muss gut in kalter Milch (ich nehme ⅛ Liter) aufgelöst werden. Rühren, bis keine Klumpen mehr vorhanden sind. Gib 3 EL Zucker dazu. Nun weitere ⅜ Liter Milch in einem Topf vorsichtig erhitzen (ich rühre auch hier gut um, damit sie nicht anbrennt). Wenn sie kocht, das aufgelöste Pudding/Zucker/Milch-Gemisch zugeben und gut verrühren. Einmal kurz aufkochen lassen und von der Herdplatte nehmen. Den Pudding nach Belieben in Schalen oder Formen füllen.

Willst du Schokoladepudding, nimm etwas Kakaopulver dazu. Verrühre ihn mit der kalten Milch und der Maisstärke.

Mein Tipp: *Damit am Pudding während des Abkühlens keine dicke Haut entsteht (mir schmeckte diese nie, sie ist zäh), lege ein Stück Frischhaltefolie auf den Pudding (so gelangt keine Luft dazu).*

Für ***Vanillesoße****, die flüssig bleiben soll und herrlich zu Wuchteln oder Topfenstrudel schmeckt, nimm etwas mehr Milch. Es gibt aber auch eigenes Vanillesoßenpulver zu kaufen. Lies auf jeden Fall die Kochanleitung genau durch (sie ist dem Pudding ähnlich).*

Wuchteln oder Buchteln, wie sie auch bezeichnet werden, gab es bei uns zu Hause hin und wieder einmal. Sie sind eine böhmische Spezialität und schmecken wunderbar. Sie machten damals viel Arbeit, das »Abschlagen« des Teigs dauerte ziemlich lange. Das machte immer mein Vater, der viel mehr Geduld dafür hatte als meine Mutter. Heute macht das meine Küchenmaschine.

Wuchteln

ZUTATEN FÜR 25 STÜCK

500 g Mehl

100 g Kristallzucker

80 g weiche Butter

20 g Germ

ca. 3/16 l lauwarme Milch

4 Eidotter

etwas Salz

Bio-Zitronenschale

Vanillezucker

Rum

Butter oder Margarine zum Backen

Marillen- oder Zwetschkenmarmelade zum Füllen

Ein Dampfl bereiten (Germ in etwas Milch und Zucker auflösen), dann das Mehl mit den restlichen Zutaten und dem Dampfl vermischen und gut abschlagen (20 Minuten mit dem Knethaken der Küchenmaschine).

Den Teig aufgehen lassen (mindestens eine Stunde), dann noch einmal zusammenschlagen und wiederum aufgehen lassen. Danach den Teig ausrollen und in ca. 25 Stücke zerteilen. Jeden Teil handflächengroß etwa 1,5 cm dick ausbreiten, mit Marmelade füllen und verschließen.

Die Wuchteln in eine gut gefettete Form oder Rohrpfanne mit dem Schluss nach unten legen. Nochmals etwas aufgehen lassen. Mehrmals mit flüssiger Butter bestreichen und 30–40 Minuten bei 170 °C backen. Achtung, dabei öfters beobachten, damit sie oben nicht zu dunkel werden. Bei Bedarf mit Alufolie abdecken.

Kurz abkühlen lassen und nach Belieben mit Staubzucker bestreuen. Noch warm mit Vanillesoße servieren.

Topfenstrudel

Die Strudelteig-Herstellung ist eine aufwendige Arbeit. In Kapitel 5 (»Meine Mutter und das Kochen«) findest du das Rezept für selbst gemachten Strudelteig. Beim folgenden Rezept verwende ich guten gekauften Strudelteig. Das sind üblicherweise vier dünne Strudelblätter, je zwei Blätter ergeben einen Strudel. Zwischen die Strudelblätter streiche ich etwas flüssige Butter, das hebt den Geschmack.

Füllung: *Die Menge lasse ich dich entscheiden (nimmst du mehr Topfen, zum Beispiel 500 g, werden die Strudel dicker). In einer Schüssel Topfen, Zucker, Vanillezucker, Bio-Zitronenschale und Zitronensaft vorsichtig mischen und auf den Strudelteig streichen. Auf Wunsch Rosinen darauf verteilen.*

Den Teig aufrollen und den Strudel auf ein Backtrennpapier legen. Nochmals mit flüssiger Butter bestreichen und bei 200 °C backen. Noch warm mit Vanillesoße servieren.

Mein Trick: *Ich gebe manchmal gern ein paar zerbröselte Biskotten in die Füllung.*

Vanillepudding wird auch gern zum Strecken von Tortencremen verwendet. Hier ein Rezept für eine feine Vanille-Buttercreme, zum Beispiel für Bananenschnitten.

Vanille-Buttercreme

½ l Milch
2 Dotter
1 Päckchen Vanillepudding
50 g Butter
40 g Zucker
1 Päckchen Vanillezucker

Die Hälfte der Milch mit den Dottern und dem Puddingpulver gut vermischen. Die restliche Milch mit der Butter, Zucker und Vanillezucker in einem Topf zum Kochen bringen, die Puddingmischung einrühren und kurz aufkochen lassen. Dabei ständig umrühren. Topf vom Herd wegziehen, Masse auskühlen lassen und mit Frischhaltefolie abdecken.

2 Das Haus am Stadtplatz

In diesem schmalbrüstigen, gotischen Haus mit Biedermeierfassade, mitten im Zentrum von Steyr, in das meine Eltern in den Dreißigerjahren des vorigen Jahrhunderts gezogen waren, lebten mehrere Parteien. Als ich klein war, gab es noch die alten »Mosers«, ein Ehepaar, unscheinbar und freundlich. Sie bewohnten zwei winzige Zimmer mit Ausblick in einen schmalen, dunklen und feuchten Hof. Manchmal war ich bei ihnen zu Besuch – wenn meine Eltern keine Zeit hatten oder niemanden, der auf mich aufpassen konnte, oder vielleicht einfach nur so. Der liebe, alte Herr Moser konnte gut zeichnen und ließ in Ermangelung von Kinderspielzeug vor meinen Augen die wunderbarsten kleinen violetten Zeichnungen entstehen, auf schmalen Abrissblöcken, worauf früher die Kellner ihre Rechnungen schrieben. Dazu benutzte er einen sogenannten Tintenblei, den er immer im Mund befeuchtete. Ob das so gesund war?

Im selben Stockwerk wohnte damals noch ein Schneider: der Herr Grafetsberger. Ich selbst kann mich nicht mehr an ihn erinnern. Er war zwergwüchsig und hatte einen Buckel. Alle mochten ihn, denn sie erzählten, dass er sehr lustig gewesen sein soll.

Dann waren da noch die Thormanns (Name geändert, Anm.).

Schmal und dreistöckig: das Haus des Lebensmittelgroßhändlers F. Wittigschlager, Stadtplatz 16, daneben das Cafe Stark (1928).

Sie waren zu dritt: Mann, Frau, fast erwachsene Tochter. Deutsche waren sie, dieses erkannte man an ihrem »reichsdeutschen« Akzent. Wahrscheinlich waren sie in den 1930er- oder 1940er-Jahren durch die Kriegsgeschehnisse in unsere Stadt gespült worden. Frau Thormann ging putzen, Herr Thormann ging trinken. Er lag oft tagelang im Bett, wahrscheinlich rauchte er auch, denn ich hörte ihn nachts oft husten, trotz der dicken gotischen Mauern, die unsere Betten trennten.

Manchmal saß er betrunken auf den Stufen einer der unzähligen Stiegen des Hauses. Sicher hatte er die Abzweigung zu seiner Wohnung verpasst, hatte eine falsche Richtung eingeschlagen und fand sich in dem Gewirr von Stiegen und Gängen nicht mehr zurecht.

Ich hatte immer große Angst, wenn ich an ihm vorbeigehen musste, denn er lallte dann laut irgendetwas, was ich nicht verstand. Wahrscheinlich bat er mich auf diese Weise, meinen Vater zu Hilfe zu holen. War dieser zu Hause, half er ihm hoch und wankte mit ihm zu seiner Wohnung.

Im obersten Stockwerk zum Stadtplatz hinaus lebte in einem einzigen Zimmer die Frau Waidmann. Niemals hatte jemand aus dem Haus ihr Zimmer betreten. Daher rankten sich manch sonderbare Geschichten um sie und ihre Behausung. Sie war alt und ging die erste, steile Stiege immer rückwärts hinunter, was mich als Kind sehr belustigte.

Sie führte oft Strolchi, den Foxterrier der Hausfrau, aus. Dieser Hund hatte mich einmal, ich war nicht älter als fünf Jahre, in die Wade gezwickt und meine Fischerhose zerrissen. Und das kam so: Wir hatten Holz zum Heizen bekommen. Der Holzschneider, Herr Innerhaider, stand in der Berggasse und schnitt mit seiner Kreissäge die langen Buchenscheiter. Die kurzen Holzstücke, die mein Vater später noch in unserer Holzlage kleiner hacken musste, warf der Holzschneider in den Eingang. Die Scheiter sprangen mit Getöse die Stiege hinab. Das gefiel mir sehr, wusste ich doch schon als kleines Kind, dass diese wunderbar duftenden Scheiter uns im Winter eine warme Wohnung bescheren würden. Ich musste mithelfen, das Holz in die Holzhütte zu tragen. In diesem Moment erschien Frau Waidmann mit Strolchi. Mühsam kletterte sie über den Berg von Holzscheitern. Der Hund war von der veränderten Situation sehr irritiert, erachtete offenbar mich als Ursache des ganzen Übels – und biss zu. Daher rührte meine jahrzehntelange Angst vor Hunden.

Mein Bruder hat einmal erzählt, Frau Waidmann, wir nannten sie nur »die Waidmann Anna«, sei noch Jungfrau. Woher er das wüsste? Er hätte sie bei der Fronleichnamsprozession, die alljährlich über den Stadtplatz zog, in der Jungfrauenkongregation mitgehen gesehen. Alles alte Frauen in weißen, bodenlangen Kleidern, mit offenen grauen oder weißen Haaren.

In diesem Haus lebte schließlich auch die Hausherrin Franziska »Fanny« Wittigschlager mit ihrer, ich nenne sie einmal »Haustochter«. Diese war mindestens 25 Jahre jünger als die kinderlose Hausherrin und wahrscheinlich als junges Dienstmädchen vom Land in den großbürgerlichen Haushalt nach Steyr gekommen. Noch vor dem Zweiten Weltkrieg hatte das Mädchen einen jungen, sehr feschen Mann geheiratet (oft zeigte sie mir ein abgegriffenes Schwarz-Weiß-Foto von ihm in Wehrmachtsuniform), der aber bald nach Kriegsbeginn gefallen war. Ihre ganze Hoffnung legte sie in ihr ungeborenes Kind. Sie entband im Spital einen strammen Knaben.

Als wäre ihr nicht schon Unglück genug zugestoßen, infizierte sich der Säugling noch im Spital mit Rotlauf und starb. So kehrte Rosi, für uns Kinder wurde sie die »Tante Rosi«, meine Eltern nannten sie Rosl, wieder an ihren alten Arbeitsplatz zurück und blieb bis zum Tod der Hausherrin bei ihr. Sie war, als beide Witwen waren, wie eine Tochter für Franziska Wittigschlager, die wir auch »Tante Wittigschlager« nannten und die uns Kinder und unsere Katzen sehr mochte.

Der Patron und Besitzer des Hauses, Friedrich Wittigschlager, war Lebensmittelgroßhändler, der zu Beginn des Zweiten Weltkriegs meine Mutter als Angestellte aufgenommen hat, da seine männlichen Angestellten ausnahmslos in den Krieg eingezogen worden waren.

So kam meine Mutter vorerst als Arbeitskraft in jenes Haus, und da sie sehr tüchtig war, erhielten meine Eltern hier eine kleine Wohnung, schon nahe der Berggasse, mit Gartenbenützung. Unserer Mutter kam das sehr gelegen, hatte sie doch nicht weit ins Geschäft.

Mutter (links) als Angestellte bei Friedrich Wittigschlager.

Meine Eltern, mein Bruder Hans und ich (1958).

Das Geschäftshaus Karl Treber am Stadtplatz 16 (1950er-Jahre).

In dieser Wohnung wurden mein Bruder (1947) und ich (1951) geboren, und wir haben hier unsere Kindheit und Jugend verbracht.

Der Hausherr starb kurz nach Kriegsende und nun bewohnten seine Frau und Rosi die Beletage des Hauses. Das Haus wurde samt Konzession an einen geschäftstüchtigen Kriegsheimkehrer auf Leibrente verkauft. Meine Mutter, eine ebenso begabte Verkäuferin, wurde übernommen und arbeitete bis zu ihrer Pensionierung mit Hingabe in diesem Geschäft.

Unsere Eltern wurden die guten Geister des Hauses. Eine respektvolle Freundschaft entwickelte sich zwischen uns und den beiden Damen, der Witwe und Rosl. Mein Vater, der einzige ernst zu nehmende Mann in diesem Haus, und meine tatkräftige Mutter wurden ihre Stützen im täglichen Leben.

Auch ich liebte die beiden Damen sehr. Wenn bei mir Langeweile aufkam, huschte ich zu »Tante Rosi« und unterhielt mich mit ihr, wir blätterten gemeinsam das neu eingetroffene Modejournal »Brigitte« durch oder ich beobachtete aus einem ihrer Fenster zum Stadtplatz hinaus das hektische Treiben in der Stadt. Ich bekam auch die Reste ehemaligen Reichtums gezeigt und erklärt: In den Vitrinen ihrer Wohnung fanden sich Meissener Porzellan, Figuren und Tassen, Silberschalen, Devotionalien und Klosterarbeiten aller Art.

Mit Begeisterung betrachtete ich stets den uralten, wunderschönen Blüthner-Flügel (total verstimmt und mit gebrochenem Holzrahmen – Wiener Mechanik). Manchmal öffnete ich den Deckel und schlug ein paar Tasten an. Dieses Klavier klang so anders als das Pianino in unserer Wohnung. (Meine Mutter hatte noch als verheiratete Frau das Klavierspielen erlernen wollen. Daraufhin hat mein Vater ihr ein Hoffmann-Pianino gekauft. Sie übte viel, nahm sogar an der Musikschule Unterricht und konnte auch ganz passabel spielen. Mein Bruder jedoch erlangte schon als Schüler ein beeindruckendes Niveau auf diesem Instrument.)

Frau Wittigschlager und Tante Rosi hatten als Einzige im Haus ein Telefon. Wenn wir etwas Wichtiges zu telefonieren hatten, wurde ich zu Tante Rosi geschickt, um zu telefonieren.

Oft flüchtete ich zu den beiden, wenn ich etwas ausgefressen hatte und Strafe drohte. Ihre Wohnung wurde sozusagen zum kirchlichen Asyl, das mir Schutz gewähren und in das der Arm des Gesetzes bzw. meines Vaters nicht hineinreichen sollte. Dort blieb ich so lange, bis mein Vater entweder mein Vergehen vergessen hatte, sein Zorn verraucht war oder er sich wieder anderen Tätigkeiten hingegeben hatte.

So wurden diese beiden Frauen beinahe zu Großmutter und Tante für mich.

Dieses Haus, in dem wir lebten, war ein sogenanntes »Durchhaus«. Man gelangte vom Stadtplatz über unzählige, verwinkelte Stiegen, Gänge und Höfe zur Berggasse hinauf, die geschätzte zwanzig Meter höher liegt als der Stadtplatz.

Der verwunschene Garten, der zu diesem Haus gehörte, war mein Paradies. Er war etwa 10 mal 15 Meter groß, umgeben von einer hohen Mauer zur Gasse hin, einer schrägen Mauer zum Nachbargarten und der überdachten Stiege auf der anderen Seite. Über dieses schlüpfrige, steile Blechdach gelangte ich unbemerkt, wenn auch nicht gefahrlos, in den tiefer liegenden Garten zu meiner Nachbarin Gitti. Sie war fast gleich alt wie ich, wir spielten wunderbar miteinander, und ihre Nachmittagsjause – Gitti mochte sie nicht – hat mir immer sehr geschmeckt. Die Jause bestand aus dünnen, gut bestrichenen Butter- und Honigbroten sowie einem großen Becher süßen Kinderkaffees.

Gittis Eltern betrieben das Kaffeehaus Stark. Im Sommer, wenn am Abend noch Eis übrig war, rief uns Gittis Mutter, und wir durften uns Eis holen, so viel wir wollten. Das ließen mein Bruder und ich uns nicht zwei Mal sagen. Die Sorten Sahne und Kaffee waren meine Favoriten.

Es bereitete mir große Freude, unseren kleinen, feinen Garten zu hegen und zu pflegen. Mit dem Handrasenmäher kürzte ich das Gras, wässerte im heißen Sommer die Pflanzen und jätete Unkraut. Die vier Fliederbäume, in jeder Ecke einer, verströmten im Frühling, wenn sie blühten, einen herrlichen, zarten Duft, der bei geöffneten Fenstern bis in unser tiefer liegendes Schlafzimmer drang.

Der zweite Nachbargarten, der von unserem nur durch eine niedrige, schräge Mauer getrennt war, bot mir hin und wieder ein genussvolles, jedoch von meinen Eltern nicht gern gesehenes Vergnügen. Er gehörte zum Haus eines Speditionsunternehmers, der beruflich wahrscheinlich zu beschäftigt war, um diesen verwunschenen Garten zu genießen. In diesem Nachbarhaus wohnte neben dem Hausherrn nur eine Partei, ein etwas älteres Ehepaar. Die Frau war blass, ruhig und bescheiden, dem Mann traute ich nicht über den Weg, warum, wusste ich nicht.

In der schönen Jahreszeit kam manchmal die Frau um drei Uhr nachmittags in den Garten, in der Hand einen kleinen Campingsessel, eine Tasche mit Strickzeug und das kleine, erbswurstsuppengrüne Kofferradio Marke Ingelen. Es wurde angestellt, das Wunschkonzert ertönte und mit Genuss begann unsere Nachbarin zu stricken.

Wenn ich die schmachtende Stimme der Heidi Brühl* hörte, wie sie mit sehnsuchtsvollem Timbre den Schlager »Wir wollen niemals auseinandergehn, wir wollen immer zueinanderstehn« sang, war ich nicht mehr zu halten. Ich lief in den Garten, setzte mich auf die Mauer, begrüßte die Nachbarin und hörte mir das Wunschkonzert an.

Meine Eltern fanden, dass diese Sendung, in der man über den Rundfunk auch Grüße und Glückwünsche verschicken konnte, geschmacklos, oft verlogen und gefühlsduselig war. Sie fürchteten wahrscheinlich, dass mein klassisch geprägter Musikgeschmack dadurch leiden könnte.

Nie hatte ich jemals bei uns zu Hause diese Wunschkonzerte gehört. Daher zog es mich umso mehr in einer gewissen verbotenen, reizvollen Weise zum Nachbarsgarten. Was war da nicht alles zu hören! Freddy Quinn, Peter Alexander, Dalida, Vico Torriani, Caterina Valente, Lolita, die Oberkrainer und viele mehr.

Fast jedes Mal erklang der Schlager (oder war es ein Schnulzenlied?) »Drei weiße Birken in meiner Heimat steh'n, drei weiße Birken, die möcht' ich wiederseh'n«. Da seufzte die Nachbarin und legte für eine Weile ihr Strickzeug in den Schoß. Sie blickte sehnsüchtig in den Spalt, den die Dachschrägen der beiden Häuser bildeten. Man konnte dort einen kleinen Ausschnitt der gegenüberliegenden Ennsleite erspähen. Es sah aus, als könne sie die drei weißen Birken in der Ferne wirklich erkennen. Beim nächsten Wunschkonzertgruß begann sie wieder zu stricken.

Als Kind war mir dieses Gehabe sehr sonderbar vorgekommen. Heute denke ich, vielleicht waren diese beiden Nachbarn Vertriebene, aus dem Sudetenland, und trauerten in den 1950er- und 1960er-Jahren noch immer, wie viele andere Hörer auch, ihrer verlorenen Heimat nach. Wir wussten kaum etwas über diese Nachbarn und der Kontakt zu ihnen war sehr bescheiden.

Einen engen Kontakt gab es aber sehr wohl: Meine Mutter konnte oder wollte nicht stricken, und so bat sie unsere strickbegeisterte Nachbarin, meine mangelhaften Arbeiten im Fach Mädchenhandarbeit noch einmal zu stricken. Ich erinnere mich an Kleiderbügel, die mit einer gelb und rosa gestreiften Häkelei überzogen werden mussten, an die Hülle für eine Wärmeflasche mit kompliziertem Zopfmuster (welches Kind konnte in der Volksschule schon so gut stricken?) und anderes mehr.

Die brave Nachbarin strickte und häkelte für mich alles fehlerfrei und mit regelmäßigem Muster. In »Handarbeiten« hatte ich immer, dank unserer Nachbarin, einen Einser. Welche Gegenleistungen meine Eltern für diese Art der Nachbarschaftshilfe erbrachten, ist meiner Erinnerung entfallen.

Im Gymnasium hatten wir nur bis zum Ende der zweiten Klasse das Fach Mädchenhandarbeit. Da ich also keine rühmlichen Erfahrungen aus der Volksschule mitbrachte und kaum häkeln und stricken konnte, bekam ich als Endnote ein »Befriedigend«, was gleichzusetzen war mit einem »Nicht genügend« in anderen Fächern. (Das war die Rache meiner Handarbeitslehrerin im Gymnasium.) Aber sitzen bleiben in Mädchenhandarbeit, das ging natürlich nicht. Damals musste man für jedes »Befriedigend« im Zeugnis einen Einser mehr haben, damit es für einen Vorzug noch reichte.

Und weil ich auch im Fach Leibesübungen wegen mangelnder Körperbeherrschung, resultierend aus dem fehlenden Turnunterricht in der Volksschule und zu vielen Kilos auf den Rippen, ein »Befriedigend« hatte, verpasste ich in den ersten beiden Jahren im Gymnasium den Vorzug.

Mir war das egal, aber meine Mutter war traurig – man erkannte nämlich den Vorzug an einem Sternchen hinter dem Namen des Schülers im Jahresbericht, den das Gymnasium zu Schulschluss herausgab. (Mein Bruder hatte immer ein Sternchen!) Dieser Bericht wurde von der halben Stadt gelesen, und daher war das Sternchen für meine Mutter eine wichtige Sache. Sie aber hatte, wie ich fand, an meiner Handarbeitsnote eine gewisse Mitschuld.

Mein Vater, der meine ungeschickten Bemühungen beim Stricken beobachtet hatte, gab mir spaßeshalber den Namen »Filzfabrik«. Er tröstete meine Mutter und meinte, ich müsste ja nicht unbedingt eine Handarbeitslehrerin werden. In späteren Jahren erlernte ich das Stricken, Häkeln und Nähen noch recht gut, unterrichtete sogar manchmal »Werken« in den beiden Schulen, in denen ich als Lehrerin tätig war, und übe diese Tätigkeiten mit viel Freude bis heute aus.

Die vierte Seite unseres Gartens hatte keine Begrenzung. Sie ging in ein schräges Dach über, auf dem man herrlich in der Sonne liegen konnte. Von hier aus war es möglich, wenn auch ziemlich gefährlich, über verschiedene Dächer und Dachrinnen bis zum letzten Dach vorzudringen, von dem man auf den Stadtplatz hinunterschauen konnte. Das war mein Eldorado!

Ich kletterte auf den Mauern und Dächern herum, und weil ich noch nicht so viel Gewicht hatte wie mein älterer Bruder oder gar meine Eltern, konnte mich keiner verfolgen. Sahen sie mich, schimpften sie und hielten mir die Gefahren meines Tuns vor Augen. Ich aber stellte mich taub und verschwand. Hier fühlte ich mich sicher, konnte ungestört in die Wolken oder über die Dächer der Stadt zur Ennsleite und zum Damberg blicken und über mein weiteres Leben oder mindestens über mein weiteres Vorgehen sinnieren. Frau Wittigschlager, die sich im Garten oft ihrer Maniküre widmete und mich bei meinen Kletterkünsten beobachtete, gab mir den Kosenamen »Wildkatze«.

Auch die Berggasse war einer meiner beliebten Aufenthaltsorte. In den Jahren nach dem Krieg sah sie ziemlich heruntergekommen aus. Die Häuser und Mauern waren baufällig, nur selten rumpelte ein Auto über das Kopfsteinpflaster. Heute ist sie eine schmucke Fußgängerzone mit schön renovierter Häuserreihe aus Gotik, Barock und Biedermeier und Mauern, die Einblicke in Hausgärten und über die Dächer des Stadtzentrums gewähren.

Ganz in der Nähe gab es früher am sogenannten Theaterplatzl das »Promenadenstüberl«, ein Beisl mit fragwürdigem Ruf. (Damals war das Alte Stadttheater – bis 1784 war es die barocke Kirche des Cölestinerinnenklosters gewesen – die Rumpelkammer eines Installateurs, heute ist es wieder ein viel bespielter Veranstaltungsort.) Da führte vom Balkon des Theaters ein Notausgang nach draußen, eine filigrane, rostige Konstruktion eines schmalen Stegs und einer ebensolchen wackeligen Stiege zur Berggasse hinunter. Hier oben hielt ich mich als Kind gerne auf. Hinter den Ästen der großen Robinie konnte ich mich herrlich verstecken, auf das Theaterplatzl hinunterschauen und die jungen Leute beobachten, die das Promenadenstüberl besuchten.

Dorthin zog es unsere Tante Rosi auch öfter, und an diesem Ort versuchte sie ihr wirklich trauriges Schicksal mit einigen Bieren zu vergessen. Danach saß sie auf den Stufen zu unserer Wohnung und weinte bitterlich. Sie tat mir so leid und ich versuchte sie zu trösten. Ich glaube, sie war mir dafür dankbar, und manchmal nahm sie mich mit ins Promenadenstüberl. Dort durfte ich mir aussuchen: Libella® oder Frucade®. Die Wahl zwischen den beiden Limonaden fiel mir nicht leicht. Libella schmeckte mir besser, Frucade aber hatte eine so tolle Flasche und eine schönere Farbe. Meistens entschied ich mich für Libella.

Auch Apfelsaft oder Himbeer-Soda standen zur Wahl, diese fiel dann auf Himbeer-Soda, denn die Kellnerin servierte dieses Getränk in einem Weinkrügel, und das sah aus, als tränke ich einen gespritzten Roten (Wein). Da fühlte ich mich sehr erwachsen. Hin und wieder aßen wir auch ein Paar Debrecziner mit süßem Senf und einer Semmel. Mir aber war das oft zu viel und Tante Rosi nahm mein zweites Würstel und die restliche Semmel in einer Serviette mit nach Hause.

Noch einmal möchte ich auf das Fach Mädchenhandarbeit zurückkommen und eine Episode mit der Wärmeflasche erzählen.

Wenn ich heute aus dem Badezimmer meine Wärmeflasche hervorhole, weil ich nicht mit kalten Füßen zu Bett gehen will, fällt mir jedes Mal der Vorfall mit Roswithas Thermophor wieder ein. Roswitha war ein hübsches, schwarzhaariges Mädchen mit wunderbarer, etwas dunklerer Hautfarbe. Ich mochte sie sehr, wir besuchten gemeinsam den Kindergarten und die Volksschule. Was später aus ihr geworden ist, weiß ich nicht. Nie mehr habe ich von ihr gehört.

Also, damals in der vierten Klasse Volksschule mussten wir alle eine eigene Wärmeflasche mitbringen, um einen Überzug zu fertigen. Es war in der Früh, als wir in der Klasse unsere Schulsachen auspackten und Roswithas Wärmeflasche aus ihrer Schultasche fiel. Es handelte sich um einen alten, abgenützten und speckigen Thermophor.

Das sah unsere Lehrerin und begann in indiskretester und beleidigender Weise die verschüchterte Roswitha zu beschimpfen. Warum die Wärmeflasche so schmutzig sei, ob sich die Leute in ihrer Familie nicht die Füße waschen würden etc. Roswitha begann zu weinen und meinte schluchzend, die Flasche wäre schon alt.

Die Lehrerin schrie sie an, das wäre kein Grund für den Dreck, man könne sie waschen, und geiferte weiter. Wir alle waren schockiert und zogen die Köpfe ein. Es war diskriminierend, das spürten wir alle.

Die Lehrerin mochte Roswitha nicht. Mich schmerzte das sehr, damals wie heute noch. Manchmal, wenn ich einen Hauch von Schmutz auf meiner Wärmeflasche erahne, spüre ich die harten Worte der Lehrerin wie Schläge auf mich niedergehen und beginne den Thermophor sofort mit Wasser, Seife und Bürste zu bearbeiten, bis er blitzblank ist.

Leider spielte sich eine ähnliche Situation auch schon einige Jahre früher ab, ich glaube, es war zu Beginn der ersten Klasse. Ich saß neben E., einer lieben, sehr ruhigen, etwas pummeligen Schülerin. Sie wohnte mit Mutter und Großmutter im sogenannten Hundsgraben, einem sehr alten Stadtteil nahe der Enns, in einem kleinen, alten Häuschen mit niedrigem Wohnstandard. E. hatte schmutzige Fingernägel, wie das oft bei Kindern vorkommt. Das sah unsere Lehrerin und begann ebenso zu schimpfen wie später bei Roswitha. Ob sie kein Wasser zu Hause hätten, fragte die Lehrerin. E. sagte, sie hätten im Hof einen Brunnen mit Pumpe. »Und, fließt da Milch heraus?«, meinte die Lehrerin zynisch. Dann schickte sie das Mädchen auf das Klo Hände waschen.

Ähnliches hätte auch mir oder anderen leicht passieren können. Ich bin mir heute nicht mehr sicher, ob meine Mutter den Sauberkeitsgrad meiner Hände und Fingernägel ständig kontrolliert hat. Der Vorfall, so widerwärtig er auch gewesen sein mochte, war mir jedenfalls schon als Kind eine Lehre und ich achtete immer auf saubere Hände.

---

* Heidi Brühl war in den 1960er- und 1970er-Jahren eine bekannte deutsche Schlagersängerin und Filmschauspielerin. Als ich meinem Lebensgefährten Peter Richter de Rangenier (1930–2021), der Dirigent und Komponist war, zu Anfang unserer Beziehung (1992) diese Geschichte erzählte, erwähnte er, dass er mit Heidi Brühl (Musical: Annie Get Your Gun) und vielen anderen berühmten Schauspielern und Sängern der damaligen Zeit (Paul Hubschmid, Brigitte Mira, Freddy Quinn, Johannes Heesters ...) bei den verschiedensten Musicalproduktionen und Galavorstellungen zusammengearbeitet hatte. Über Heidi sagte er: »Sie war ein armes Mädchen« – was immer das zu bedeuten hatte.

3 Die Schuljause in der Volksschule

Da ich im Dezember geboren bin, war ich beinahe sieben Jahre alt, als ich im September 1958 in die Volksschule Berggasse eintrat. Ich erinnere mich genau, dass mich zu Schulanfang der ersten Klasse nicht meine Mutter zur Schule begleitete, sondern mein Bruder Hans. Meine Mutter war damals schon 42 Jahre alt, berufstätig, und der Vergleich mit den vielen jungen, hübsch herausgeputzten Müttern, die ihre Töchter zum Schulantritt begleiteten, erstaunte mich. Meine Mutter sah fast wie eine Großmutter aus, dachte ich. Ja, zwei Weltkriege, harte Arbeit und schlechte Ernährung hatten ihre Spuren hinterlassen.

Der Unterricht am Gymnasium, in das mein Bruder eintrat, begann erst zwei Tage später. Ob es ihm viel Spaß gemacht hatte, seine kleine Schwester am ersten Schultag zu begleiten, möchte ich bezweifeln.

Einen Vorteil hatte diese Sache für meinen Bruder trotzdem. Er war nun endlich von seiner Pflicht befreit, mich vom Kindergarten abzuholen. Der Kindergarten befand sich im selben Gebäude wie die Volksschule meines Bruders (VS Promenade). So bestimmten meine Eltern, Hans müsse mich immer nach der Schule vom Kindergarten abholen, ob es ihm passte oder nicht, und mit mir nach Hause gehen.

Oft war er von anderen Dingen abgelenkt, und so kam er ohne seine kleine Schwester an. »Und – wo is' s'Diandl?«, rief dann meine Mutter entsetzt. Hans wusste, dass er sofort wieder den Rückweg antreten musste, und seine Begeisterung hielt sich sehr in Grenzen.

Ich saß längst fertig angezogen in der Garderobe, die Kindergärtnerin wollte auch nach Hause gehen und war nicht erfreut, dass sie wegen eines einzigen Kindes warten musste. Ich weinte die ganze Zeit Rotz und Wasser, kam mir so verlassen vor, spürte den Mangel an Liebe hautnah. Da erschien mein Bruder, der seinen Unwillen an mir ausließ. Mit Püffen und Stößen trieb er mich heim.

Nur einmal war er über die Anwesenheit seiner kleinen Schwester froh. Eine »feindliche Bande« hatte Hans und seinen Freunden auf der Promenade aufgelauert, und es entstand eine ordentliche Rauferei. Obwohl weit und breit kein Polizist zu sehen war, schrie ich plötzlich mit hysterischer Stimme: »Polizei!« Die Keilerei war rasch zu Ende und die Gegner suchten das Weite.

Nun war also Schluss mit der Abholerei. Die Bergschule war nur siebzig Meter vom Berggassen-Eingang unserer Wohnung entfernt. Da konnte ich problemlos allein hingehen.

Diese kleine Mädchenvolksschule war neben der Polizeistation, dem Bezirksgefängnis, der großen, ehemaligen Ordenskirche (heute Altes Stadttheater) und der Musikschule im riesigen Gebäudekomplex des ehemaligen Klosters des Cölestinerinnenordens untergebracht.

Die Bergschule in Steyr am Anfang der Berggasse.

Ich als Schülerin der zweiten Klasse Volksschule.
(Quelle: »Die Fotoreportage der Arbeit in Österreich«)

Der Standard der Schule war außerordentlich niedrig. Es gab keinen Turnsaal bzw. einen Saal, der nie zum Turnen genutzt wurde. Wir hatten daher nie Turnunterricht und waren beim Eintritt ins Gymnasium im Fach Leibesübungen vollkommen überfordert. Leicht hätte man im nahen Schlosspark oder auf den Spazierwegen der Promenade einen einfachen Turnunterricht abhalten können. Im Schlosspark gab es damals schon einen Kinderspielplatz, der in wenigen Minuten erreichbar gewesen wäre. Kleine Ballspiele, lustige Kreisspiele oder Freiluftgymnastik hätten uns Kindern wohl großen Spaß gemacht und wären eine willkommene Abwechslung vom langweiligen Unterricht gewesen. Aber es mangelte den Lehrerinnen offensichtlich an gutem Willen und Fantasie. Außerdem waren sie zu alt und vermutlich zeitlebens unsportlich gewesen. Man kann sich vorstellen, wie schwer es für Kinder war, einen ganzen Vormittag in den harten Schulbänken zu sitzen.

Auch bei uns zu Hause wurde kein Wert auf Sport gelegt. Mein Vater (1904 geboren) hatte starkes Rheuma, meine Mutter war zu müde und überarbeitet, als dass sie sich mit uns sportlich betätigt hätten. Mutter fehlten auch gewisse Fertigkeiten, sie konnte weder Rad noch Ski fahren, und nur ein einziges Mal begleitete sie mich nach langem Drängen ins Schwimmbad. Dort lockte ich sie auf die kleine Kinderrutsche. Beim Eintauchen ins Wasser bekam sie einige Spritzer ins Gesicht ab, und das führte dazu, dass sie nie mehr wieder mit mir ins Schwimmbad ging.

Allerdings konnte meine Mutter gut Eis laufen. Schon mit drei Jahren nahm sie mich auf den Natureislaufplatz im Werndlpark mit. Dort übergab sie mich einigen Mädchen, die sich mit mir abmühten, und schon tanzte meine Mutter mit einem Tanzpartner über das Eis. Da gefiel sie mir, da bewunderte ich sie sehr! Damals gab es noch lange, kalte Winter. (Heute befindet sich an dieser Stelle eines von zwei Gymnasien der Stadt Steyr.)

Mein Bruder Hans, unser französischer Gast Henri und ich auf dem neuen Eislaufplatz in Steyr (1959).

Als dieser Eislaufplatz aufgelassen und der neue einige Kilometer weiter weg errichtet wurde, beendete meine Mutter diesen Sport. Ich aber fuhr weiterhin Schlittschuh und durfte auch einige Jahre den Eislaufkurs (Anfänger bis Fortgeschrittene) besuchen. Das war ein Sport für mich! Wenn am Abend die Kinder nach Hause gehen mussten – meine Eltern nannten nie einen Zeitpunkt, wann ich zu Hause hätte sein müssen –, war der Eislaufplatz fast leer. Da ging es bei mir erst so richtig los! Ich zog wie wild meine Runden oder übte nach den wunderbaren Melodien von Mantovani – ich erinnere

Hier marschiere ich durch die Berggasse in den Steyrer Schlosspark zum Skifahren (1959).

mich noch an die »Elisabeth-Serenade« – die im Eislaufkurs erlernten Tanzschritte. Daher konnte ich schließlich gut und richtig Eis laufen.

Meine Mutter war nicht sehr erfreut, dass ich mehr Zeit für Sport aufwendete, als es ihrer Meinung nach notwendig gewesen wäre. Doch im Nachhinein haben sich alle Sportarten, die ich mir in meiner Kindheit angeeignet hatte, als großer Vorteil in meinem Beruf als Lehrerin erwiesen.

Auch mein Bruder war nicht sehr sportlich und hatte wenig Interesse, sich diesbezüglich mit mir zu beschäftigen. Manchmal, wenn meine Mutter keine Zeit hatte, auf mich aufzupassen, musste er mich zu seinen Freizeitaktivitäten mitnehmen.

Unsere Eltern hatten keine Ahnung, was er mit seinem Freund Werner immer so alles anstellte. So setzte mich Hans oftmals auf den Paketträger des »Waffenrads« (ursprünglich von der Österreichischen Waffenfabriks-Gesellschaft in Steyr hergestelltes Fahrrad, Anm.) unseres Vaters und fuhr in rücksichtslosem Tempo über den Blumauerberg der Steyrer Au zu. Dort wurde auf den Schotterbänken gespielt und im eiskalten Wasser der Steyr gebadet. Ich konnte noch nicht schwimmen, doch das störte niemanden, auch dass das Baden in diesem tiefen Gebirgsfluss äußerst gefährlich war. Hier brachte ich mir selbst das Schwimmen bei. Mit Sonnenbrand und hungrig kehrten wir abends nach Hause zurück.

In meiner Kindheit besaßen wir keinen Ball. Warum, weiß ich nicht, wahrscheinlich wäre es zu mühevoll gewesen, ihn jedes Mal aus einem der tiefer liegenden Höfe oder den Nachbarhäusern zu holen.

Heute noch fehlt mir eine gewisse Fähigkeit, einen Ball zu fangen. So etwas muss im Kindesalter erworben werden. Die Mitschülerinnen aus anderen Volksschulen unserer Stadt waren uns »Bergschulschülerinnen« darin bei Weitem überlegen.

Oft denke ich mit Schaudern an die Völkerballschlachten im Turnunterricht am Gymnasium zurück, in denen ich (und manch andere Mitschülerin) mangels Unfähigkeit, den Ball zu fangen, buchstäblich »hingerichtet« wurde. Blaue Flecke, Blutergüsse, geschwollene Wangen waren an der Tagesordnung.

Aber nun zur Schuljause in der Volksschule: An jedem Schultag um Punkt 10 Uhr kam die Frau des Schulwarts mit einem großen Topf heißer, bläulich-durchsichtig schimmernder Milch, die einen eigenartigen, festen Schaum aufwies, und einem Sack frischer Semmeln der Brotfabrik Reder in unsere Klasse. Meine Eltern waren berufstätig und froh, dass es in der Schule um wenig Geld eine »gesunde Jause« gab. Ich aber hasste diese Jause! Bis heute habe ich noch einen Abscheu vor Milch, besonders vor heißer.

Wir Schülerinnen mussten uns mit dem eigenen Plastikhäferl in einer Reihe anstellen. Ich erinnere mich noch heute an den Geruch von Buttersäure, den dieser Milchbecher trotz festen Schrubbens mit dem damals gängigen Scheuermittel »Ata« verströmte.

Die Schulwartin füllte mit einem großen Schöpfer die dampfende, sonderbar riechende Milch in die Becher – manchmal lief heiße Milch über unsere Finger – und drückte uns die Semmel in die andere Hand.

In der Schulbank mussten wir eine Serviette ausbreiten, und dann wurde gegessen. Reden durften wir nicht. Neidvoll blickte ich zu den Mitschülerinnen aus besser gestellten Familien, die Schinkenbrote und Äpfel, ja sogar Bananen, Wurst- und Käsebrote, von ihren Müttern liebevoll zubereitet, verzehrten.

Meine Freundin Susi, einige Schulbänke hinter mir, überließ mir hin und wieder ihr ganzes oder ihr halbes Schinkenwurstbrot oder einige Wursträder. So konnte ich meine ungeliebte Schuljause etwas aufbessern. Der Austausch musste heimlich geschehen, denn über Disziplin beim Essen wachte unsere Lehrerin penibel.

Fünfzig Jahre später erfuhr ich von einer gleich alten Kurgefährtin, als ich auf Kur in Wildbad Einöd in der Steiermark war, dass bei dieser heißen Schulmilch die in Oberösterreich vom Zweiten Weltkrieg übrig gebliebenen Trockenmilchbestände der Amerikaner verwertet wurden.

Beheizt wurden die Klassenzimmer in unserer Volksschule mit riesigen Kohleöfen. Diese bediente der Schulwart, meistens aber seine Frau. Im Winter roch es nach Rauch und Abgasen, und oft hörten wir im Inneren des Ofens die dumpfen Explosionen der Rauchgase, was uns alle erschreckte und aufschreien ließ.

Das Klo erreichte man nur über lange Außenbalustraden, was besonders im Winter sehr unangenehm war, da die Hausschuhe mit ihren dünnen Sohlen feucht wurden und man dann mit nassen Füßen in der Klasse sitzen musste.

Jene Schülerinnen, die im Winter in der Nähe des Ofens saßen, wurden buchstäblich geröstet. Es handelte sich immer um Unterschichtkinder und Lernschwache. Für die Sitzordnung sorgte unsere Lehrerin. Gott sei Dank musste ich nie dort sitzen, obwohl ich nicht gerade als Kind der Mittel- oder Oberschicht galt. Aber der kämpferische Ruf meiner Mutter dürfte meinen Lehrerinnen gut bekannt gewesen sein. Sie hatte früher schon den Volksschullehrerinnen meines Bruders die Stirn geboten, und keine wollte sich mit ihr anlegen.*

In unserer Mädchenschule gab es nur vier Klassen und vier relativ alte Lehrerinnen. Die meisten waren unverheiratet, nur meine Lehrerin hatte einen Ehemann. Gelernt haben wir bei ihr nicht viel. Das Lesen verband ich als Kind lange Zeit mit enormem Stress. Jedes Mal, wenn man laut vorlesen musste, wartete die Lehrerin nur darauf, dass man ins Stocken kam oder sich verhaspelte. Dann schlug sie mit einem harten Gegenstand auf ihren Schreibtisch. Ich hatte den Eindruck, dass sie bei mir besonders hart auf den Tisch haute. Das knallte! Daran merkte ich, dass sie mich nicht mochte. Kein Wunder, dass ich große Angst mit dem Lesen verband. Ich brauchte lange Zeit, um dieses Trauma abzubauen.

Da unsere Lehrerin gern sang und auch Klavier spielen konnte, begleitete sie alle Lieder auf dem Klavier. Das gefiel mir sehr. Meine Mutter hatte schon früh mein gutes Gehör und meine Freude an Musik erkannt, mich auch darin bestärkt und in einer gewissen, einfachen Weise gefördert. So durfte ich mit Eintritt in die Volksschule an der örtlichen Musikschule mit dem Geigenunterricht beginnen. Die Initiative dazu war allerdings von mir selbst ausgegangen (siehe unten).

Meine Mutter und ich als Musikduo bei der Hochzeit meiner Cousine Waltraut (1962) im Taborrestaurant.

In der Volksschule konnte ich gut die Stimme halten, und so wurden schon in der ersten Klasse die Lieder zweistimmig gesungen. Dass aber ein Arbeiterkind schon mit sechs Jahren Geige zu spielen begann, darüber mokierten sich die Volksschullehrerinnen. Sie stuften meine Mutter als sehr ehrgeizig ein, was meine Klassenlehrerin, vielleicht unbewusst, zu einer strengeren Benotung meiner Leistungen zu berechtigen schien.

Meine Mutter achtete sehr auf die schulischen Leistungen ihrer Kinder, gute Noten waren ihr wichtig. Unser musikalisches Talent förderte sie, meiner heutigen Erfahrung nach, aber doch zu wenig. Sie hatte auch nicht bestimmt, dass ich als Sechsjährige Violine zu spielen begann. Ein Zufall, wie so oft im Leben – manche sagen ja, dass es keine Zufälle gibt –, führte mich zu diesem Instrument.

Und das trug sich so zu: Gern streifte ich als kleines Mädchen in unserer näheren Umgebung umher, und einmal holte ich aus Langeweile meinen Bruder von der Klavierstunde ab – die Musikschule befand sich in der Nähe unserer Wohnung. Zwei Lehrer standen am Gang und rauchten Zigarette. »Aha, das ist die kleine Schwester vom Hansi«, sagten sie. (Mein Bruder spielte damals schon sehr gut Klavier, er war musikalisch und übte diszipliniert. Wahrscheinlich dachten sie, die Kleine verfügte auch über Musikalität und Fleiß.)

Sie fragten mich, ob ich auch Klavier spielen lernen möchte. Das verneinte ich vehement, wusste ich doch, dass mein Bruder mich immer kritisieren und es mit Sicherheit ewigen Streit geben würde, wer das Klavier benutzen dürfe, und dass ich als Kleinere immer den Kürzeren ziehen würde.

»Also, was möchtest du denn dann spielen?«, lautete die nächste Frage. Einer der Zigarettenraucher war der Geigenlehrer. Er war mir sympathisch, und er fragte, ob ich vielleicht Geige lernen wolle. Na klar, Geige! Das war es, was ich wollte, ich war nur selbst noch nicht darauf gekommen.

Begeistert lief ich nach Hause und erklärte meiner Mutter: »Am Montag um zwei Uhr habe ich meine erste Geigenstunde!« Und so kam es, dass ich mit sechs Jahren den Unterricht in Violine an der

Musikschule Steyr begann. Dabei blieb es, bis ich 19 war. Schon mit zwölf Jahren durfte ich im Steyrer Sinfonieorchester mitspielen. Das Spielen in verschiedenen Amateurorchestern blieb jahrzehntelang meine große Passion.

---

* Unsere Mutter war nicht sehr mutig, aber sehr sozial und zeigte immer wieder Zivilcourage. Hier führe ich gern ein Beispiel an: Nach dem Ungarischen Volksaufstand 1956 gelangten auch Flüchtlinge in unsere Stadt. Ein ungarischer Bub, neun Jahre alt, wurde in der dritten Klasse Volksschule meines Bruders untergebracht. Er war verwahrlost, nur in Lumpen gekleidet und hatte keine Schulsachen. Ich erinnere mich noch genau an seinen Familiennamen. Er hieß »Jalowitzky«.

Die Lehrerin verbot den Schülern, sich in die Nähe des neuen Kollegen zu setzen. Er könnte Läuse, Flöhe oder Ähnliches haben. Das erzählte mein Bruder zu Hause meiner Mutter. Diese empörte sich und befahl ihm, er solle sich am nächsten Schultag neben diesen Buben setzen und ihn sogar nach dem Unterricht mit nach Hause bringen. Vor Läusen und Flöhen hatte unsere Mutter noch nie Angst gehabt!

Mein Bruder tat, wie ihm geheißen, trotz Protests der Lehrerin. Zu Hause wurde der fremde Bub verköstigt, danach im Garten in die Zinkbadewanne gesteckt und ordentlich gewaschen. Ich weiß noch, dass ihm Mutter auch die Haare mit dem Rasiermesser meines Vaters geschnitten hat.

Bereits am Vormittag war meine Mutter, die in der Steyrer Innenstadt gut bekannt war, in die entsprechenden Geschäfte gegangen (Kleidergeschäfte Klein, Dedic etc.) und hatte für den jungen Ungarn Schultasche, Schulsachen, Kleidung und Schuhe zusammengebettelt.

Am nächsten Tag kam ein gepflegter, gut gekleideter Junge in die Schule. Da staunte die Lehrerin! Sie konnte sich denken, wer dafür gesorgt hatte. Unter der Lehrerschaft in der Stadt hat dieses Engagement sicherlich die Runde gemacht und meiner Mutter einen gewissen Respekt verschafft.

4 Himbeerbrause, süß und prickelnd wie das Leben

Für die verpflichtende Aufnahmeprüfung ins Gymnasium musste zu Hause gepaukt werden. Das Buch »Aufnahmeprüfung leicht gemacht« nahm meine Mutter mit mir rauf und runter durch. Der Unterricht in der Volksschule hätte wahrscheinlich nicht ausgereicht, um die Prüfung zu bestehen. Da mir in Diktaten manchmal Fehler passierten (oh, welche Katastrophe!) – zum Beispiel schrieb ich das Wort »Preiselbeerkompott« falsch (heute wundere ich mich, dass ich dabei nur zwei Fehler machte) –, musste ich zu Hause auch oft Rechtschreibübungen durchführen, die mich enorm langweilten.

Die Aufnahmeprüfung war für Mädchen sehr schwierig, denn es gab nur eine Mädchenklasse am einzigen Gymnasium in einer Stadt mit fast 40.000 Einwohnern. Der Grund war wahrscheinlich Platz- und Lehrermangel. Ohnehin herrschte damals noch die allgemeine Auffassung, dass Mädchen heiraten und kein Gymnasium besuchen müssten.

Viele Mädchen bestanden damals die Aufnahmeprüfung nicht, und ich erinnere mich, dass zu Schulbeginn 1962 an die sechzig Schülerinnen in unserer Klasse saßen (Anfängerinnen und Repetentinnen). Zu Weihnachten hatten schon mehrere Mädchen wegen zu hoher Anforderungen das Gymnasium verlassen. Am Ende der ersten Klasse waren wir immerhin noch 46 Mädchen. In den beiden ersten Knabenklassen befanden sich fast doppelt so viele Schüler, welch große Ungerechtigkeit!

Noch eine kurze Anekdote aus dem Schulalltag: Da der Lärmpegel von so vielen Schülerinnen enorm hoch war, sah eines Tages unsere Deutschprofessorin Hemma Graßl keinen anderen Ausweg, um sich Gehör zu verschaffen, als ihren Schuh auszuziehen und mit dem

Stöckel vehement auf den Katheder zu dreschen. Danach war es wirklich still in der Klasse.

Endlich am Gymnasium! Die Aufnahmeprüfung war geschafft, das Pauken mit Mutter hatte sich ausgezahlt. Das Gebäude selbst war mir schon gut bekannt, denn mein Bruder und ich, das kleine Mädchen im Vorschulalter, durften dort einige Jahre den Zeichenkurs bei Herrn Professor Lindorfer besuchen. Der Kurs fand am Samstagnachmittag im riesigen Zeichensaal im zweiten Stock statt. Dieser Saal war meinem Gefühl nach genauso groß wie die gesamte Bergschule, in der ich meine Volksschuljahre verbrachte.

Meine Deutsch- und Englischprofessorin Hemma Graßl (4. Klasse am BRG Michaelerplatz in Steyr).

Ich hatte also schon eine Ahnung, dass im Gymnasium alles riesengroß war: die Schüler- und Lehrerzahl, die Stockwerke, die Klassenzimmer, die Turnsäle, die Hefte und Bücher, die Gänge und der Schulhof zwischen Kirche und Schulgebäude.

In den Pausen durften wir nicht in den Klassen bleiben, sondern wir hatten in den breiten Gängen der Schule unsere Runden zu ziehen. Eine langweilige Angelegenheit.

Wenn das Wetter schön war, wurde der Schulhof geöffnet und wir mussten dort die Pausen verbringen. Nicht etwa in gemütlichen Grüppchen, stehend unter dem großen Lindenbaum (oder war es ein anderer?). Nein, man musste gehen, immer in einem großen Kreis herum. Plötzlich waren alle Schüler hier versammelt, es waren wirklich viele.

Schon die Schüler zwei Klassen über mir kamen mir so erwachsen vor. Und dann erst die Siebt- und Achtklässler! Demütig schlichen wir Neuen an ihnen vorbei, nicht jedoch ohne im Geheimen zu überlegen, was wohl dieser oder jener nach der Matura machen würde und ob er hübsch oder weniger hübsch, klug oder weniger klug, reich oder weniger reich wäre. Meine Volksschule war eine reine Mädchenschule gewesen und daher war das Gymnasium, mit dem riesigen Überschuss an männlichen Schülern, für mich von besonderem Interesse.

So muss es auch den älteren Schülern gegangen sein, wenn sie die kleinen Schüler ins Visier nahmen. Ich kann mir vorstellen, dass manche Burschen besonders die Anfängerinnen begutachteten und überlegten, wie diese wohl in acht Jahren aussehen würden. Ich wusste, dass Burschen so etwas machen, denn ich hörte einmal zufällig ein Gespräch zwischen meinem Bruder und seinem Freund, in dem sie über eine gleichaltrige Schülerin sprachen.

Es war mein erstes Schuljahr am Gymnasium Michaelerplatz, ein wunderbarer, milder Herbsttag, der Schulhof war geöffnet worden. Mein erster Rundgang im Hof stand bevor. Zur Sicherheit nahm ich meine Freundin Susi an meine Seite und ging mit ihr die Runden ab.

Eine spannende Sache war das für uns. Zuerst beäugten wir verstohlen die großen Mädchen, welche Kleider und Schuhe sie trugen, dann die großen Burschen. Da waren schon einige interessante dabei. Aber sie waren in unserer Vorstellung so unerreichbar wie die schneebedeckten Gipfel der Alpen.

War die Pause um, rief uns eine schrille Klingel zurück in die Klassenräume. Weil es so mild und angenehm im Schulhof war, bewegten sich die Schüler nur langsam den Eingängen zu. Jeder wollte noch schnell ein paar Atemzüge in der frischen Luft machen.

Bei den Türen verdichtete sich die Menge und man kam in Tuchfühlung mit den anderen. Plötzlich fasste mich ein Schüler am Oberarm, zog mich etwas zur Seite und flüsterte mir ins Ohr: »Mach die Hand auf!« Ich war so perplex, dass ich ohne nachzudenken meine Hand öffnete. Er trug ein kleines durchsichtiges Säckchen, dessen Inhalt er mir in die geöffnete Hand schüttete. »Was ist das?«, flüsterte ich. »Schleck! Es ist Brausepulver, prickelnd wie das Leben!« Und schon war er in der Menge der Schüler verschwunden. Zu kurz, als dass ich mir sein Gesicht einprägen hätte können.

Heute würde ich nicht mehr der Aufforderung eines Unbekannten folgen, aber damals war ich zu überrascht und neugierig und tauchte sogar die Zungenspitze in das dunkelrote Pulver.

Noch nie hatte ich etwas von Brausepulver gehört, geschweige davon gekostet. Eine Geschmacks- und Gefühlsexplosion breitete sich in meinem Mund aus. Köstlich und prickelnd! Der Schaum schmeckte wunderbar süß nach Himbeeren und Zitrone.

Könnte so das Leben sein? Nie hatte ich mir bis dahin ernsthafte Gedanken über das Leben gemacht. Lange dachte ich, das Leben würde sich schon allein irgendwie gestalten. Aber dass es prickelnd werden könnte, wie der Unbekannte sagte? Ich hatte keine Vorstellung.

Im folgenden Unterricht war ich unkonzentriert, immer musste ich an den Schüler mit der Brause denken. Was hatte er mit dieser Aktion bezwecken wollen? War es einfach Übermut, Jux und Tollerei? Eine Wette mit seinen Kameraden, ob er sich trauen würde? Und warum gerade ich und nicht meine Freundin Susi oder sonst jemand? Oder steckten etwa mein Bruder und sein Freund dahinter, um mich zu ärgern oder aufzuziehen?

Ich stellte viele Überlegungen an und nahm mir vor: Würde ich den Jungen wiedersehen, würde ich ihn fragen. Wochenlang hielt ich Ausschau nach ihm, wechselte in der Pause sogar das Stockwerk, aber ich sah ihn nie wieder.

Das Schulgebäude platzte aus allen Nähten. Klassenzimmer waren Mangelware, und so gab es jedes Jahr sogenannte Wanderklassen. Diese hatten kein eigenes Klassenzimmer, sondern wanderten Stunde für Stunde von einer frei gewordenen Klasse zur nächsten.

Hoch über dem Stadtzentrum, hinter dem Friedhof auf dem Tabor, zu dem man direkt vom Gymnasium über eine endlos lange Stiege gelangte, wurde eine Dependance für die vier Mädchen-Oberstufenjahrgänge eröffnet: eine lieblose Fertigteilbaracke, ohne Flair und Inspiration, im Sommer heiß, im Winter kalt, zwar mit Schuljausenverkauf, jedoch mit reduzierter Auswahl.

So war es regelrecht ein Vergnügen, wenn wir im Hauptgebäude wieder einmal unsere Pause verbrachten. Wir mischten uns mit jugendlichem Elan unter die Schülergruppen, und immer wieder kam es vor, dass uns ein Junge von seinen Klassenkameraden durch einen ordentlichen Stoß in die Arme geworfen wurde. Wahrscheinlich hatte er ihnen zuvor eröffnet, dass ihm dieses oder jenes Mädchen gefiele. Mit gespielter Entrüstung gaben wir ihn seinen Kameraden wieder zurück.

Heute habe ich den Großteil meines Lebens hinter mir, und oft noch muss ich an jene sonderbare Situation mit dem Brausepulver denken.

Ja, wie wahr, das Leben hält viele Überraschungen bereit, und vieles ist süß und prickelnd wie Himbeerbrause.

5 Meine Mutter und das Kochen

Meine Mutter Julia war Jahrgang 1916, mitten im Ersten Weltkrieg geboren, Hunger und Entbehrungen waren an der Tagesordnung. Der Vater beim Militär, danach im Krieg, die Mutter (meine Großmutter) war mit drei Töchtern im Kindesalter und der Führung einer kleinen Holz- und Kohlenhandlung überfordert. Zum großen Glück kam der Vater aus dem Krieg zurück, aber die wirtschaftliche Lage der Industrie-Arbeiter, die seine Kundschaft darstellten, war enorm schlecht. (Steyr ist eine Industriestadt, früher vorwiegend durch die Eisenverarbeitung in den Steyr-Werken bekannt, heute durch die Metallindustrie, Motorenerzeugung etc.). Sie konnten ihre Rechnungen nicht mehr bezahlen und bei meinem Großvater kein Brennmaterial kaufen.

Ein Heer von Arbeitslosen ging tagtäglich in die Wälder, um Brennholz zu suchen. (Der Münichholzer Wald war auch noch zu meiner Zeit frei von Fallholz, alles wurde aufgesammelt.)

Der Handel mit Nähmaschinen der Marke Necchi hielt die Familie so recht und schlecht über Wasser. Lange später nähten meine Mutter und ich noch auf einer dieser Maschinen für die Kinder und für uns hübsche Kleider, Mäntel und Hemden.

Bald fiel meine Mutter in der Schule wegen ihrer guten Schulerfolge auf. Das Lernen machte ihr viel Freude. Anerkennung von ihren Eltern, die so sehr im Existenzkampf verstrickt waren, erhielt sie jedoch nicht.

Im März 1930 wurde sie 14 Jahre alt, und das war der eheste Zeitpunkt, an dem man die Schule verlassen konnte. Ihr Vater konnte oder wollte das Schulgeld für die Bürgerschule nicht mehr bezahlen, und so hätte meine Mutter ihre geliebte Schule verlassen und sofort irgendwohin in den »Dienst« gehen müssen. Ihre Lehrerin bezahlte aus Mitleid das Schulgeld für die letzten drei Schulmonate.

Danach wurde sie, ein mageres, schüchternes Kind, in den Haushalt eines Rechtsanwalts gesteckt. Dort war sie hilflos den Launen der

Hausfrau und der Kinder ausgesetzt. Das Essen, die Unterbringung und die Behandlung waren derart schlecht, dass ihr Vater, mit wüsten Beschimpfungen gegen die Hausfrau, sie aus diesem Dienstverhältnis befreite, aber sofort an die nächste, ebenso schlechte Dienststelle vermittelte.

Dann der nächste Schicksalsschlag: Ihre Mutter fuhr mitten im harten Winter 1933 mit dem Rad zu einer Kundschaft, um eine Nähmaschine vorzuführen. Sie stürzte bei Dunkelheit und erfror hilflos.

Bald darauf hat der Vater wieder geheiratet und eine neue Familie gegründet. Seine drei Töchter aus erster Ehe waren von da an auf sich allein gestellt. Damals war meine Mutter 17 Jahre alt, Pauli 14 und Anni hatte schon mehrere Jahre in Holland als Dienstmädchen gearbeitet.

Mehrmals noch wechselte meine Mutter die Dienststellen. Jedes Mal wurde sie schikaniert und der Lohn war erbärmlich. Einmal hatte sie Glück: Im Steyrer Stadtteil Ennsleite wurde in der Greißlerei Tragler, einem kleinen Lebensmittelladen, eine Arbeitskraft gesucht. Sie bewarb sich und wurde angestellt. Welch ein Karrieresprung! Die Arbeit war hart, aber es gab jeden Tag eine ordentliche Jause, und der Umgang mit Kunden gefiel meiner Mutter sehr. Sie wurde selbstbewusst, stark und gut genährt.

In dieser Zeit lernte sie auch meinen Vater kennen. Schnell erkannte sie seinen guten Charakter und seine Tüchtigkeit, obwohl er zu dieser Zeit arbeitslos war. Er fertigte wunderschöne Schmuckstücke und Schlüssel aus Stahl an – der sogenannte Stahlschnitt war damals in unserer Eisen verarbeitenden Stadt sehr modern – und verdiente so etwas Geld. Ich besitze heute noch zwei dieser schönen Anhänger und hüte sie wie meinen Augapfel.

Außerdem konnte mein Vater den hoffnungslosesten aller Uhren wieder Leben einhauchen. Die antiken Uhren der besseren Gesellschaft fanden noch zu meiner Zeit immer wieder den Weg zu meinem Vater.

Oft musste ich ihm bei diesen Reparaturen helfen, denn meine Finger waren klein und zart und konnten in den schmalen Zwischenräumen besser die winzigen Zahnräder erreichen als die großen Finger meines Vaters.

Auch Herr Kraus, ein Freund meines Vaters und Besitzer eines kleinen Schmuck- und Uhrenladens am Grünmarkt, holte ihn oft bei schwierigen Reparaturen antiker Uhren zu Hilfe. Oft durfte ich Vater zu Herrn Kraus begleiten, und während sich die beiden unterhielten, betrachtete ich mit großem Interesse die ausgestellten Schmuckstücke und Uhren aller Art. Danach gingen wir in die benachbarte Konditorei Sammwald, wo mein Vater fünf Deka Praliné kaufte (gefärbte, kleine Zuckerkegelchen, mit Schokolade überzogen). Diese verzehrten wir auf dem Nachhauseweg.

Wenn aber die wunderschöne alte Uhr aus dem Fischgeschäft Mütter wieder einmal repariert werden musste, verwies meine Mutter Uhr und Vater in die Holzhütte, da der Fischgeruch tagelang in unserer Wohnung verblieben wäre.

Als der Zweite Weltkrieg begann, eröffnete sich eine neue berufliche Chance für meine Mutter. Die männlichen Angestellten eines Großhandelsbetriebs in der Steyrer Innenstadt wurden alle in den Krieg eingezogen. Mutter bewarb sich spontan und couragiert. Sie wurde angestellt. Nun war sie Verkäuferin in einem renommierten Geschäftshaus. Sofort, obwohl sie schon mehr als zwanzig Jahre alt war, begann sie die Ausbildung zur kaufmännischen Angestellten. Sie bestand alle Prüfungen glänzend.

Jetzt konnten meine Eltern standesamtlich heiraten. Sie erhielten eine winzige Wohnung im großen, gotischen Haus am Stadtplatz, wo sich auch das Hauptgeschäft befand.

Meine Mutter machte sich in ihrem Beruf prima. Mein Vater erhielt wieder Arbeit in der Rüstungsindustrie der Steyr-Werke. Endlich war ein kleines, geregeltes Familienleben mit Kochen usw. möglich. Aber die Lebensmittel wurden immer knapper, und was man noch auf Lebensmittelmarken bekam, war von schlechter Qualität. Gewürze, Obst und Spezereien waren so gut wie nicht vorhanden. Wie sollten so die Frauen das Kochen erlernen? Seit Mutters Geburt hatte nur Mangel geherrscht, und es gab niemanden, der meiner Mutter das Kochen beigebracht hätte.

Mein Vater Josef Greilhuber verstand es gekonnt, Uhren zu reparieren.

Das Essen war damals nicht Genuss, wie heute. Es musste satt machen: Fett, Mehl, Salz, Zucker, Kraut, Kartoffeln und Rüben, Kaffeeersatz und Magermilch, sofern vorhanden, daraus bestanden die Mahlzeiten. Ebenso jene in meiner Kindheit. Nach dem Krieg wurden mit der Einbrenn fast alle Speisen nährstoffmäßig aufgewertet. Es gab mit Fett, Mehl und Wasser eingebrannte grüne Bohnen, weiße Bohnen, Karfiol, Kohlrabi, Karotten, Kraut, Kohl, Erdäpfel. In dieser dicken Soße waren meist noch Mehlklumpen vorhanden, die sich wegen zu schneller Verarbeitung gebildet hatten und nicht mehr auflösen ließen.

Meine Mutter störte das nicht, mich als Kind jedoch schon. Es störte sie auch nicht, wenn der selbst gemachte Apfelstrudelteig (zu kaufen gab es ihn damals noch nicht) nach dem Backen an den Rändern dick und hart, im Inneren aber eine schwammige, weißliche Masse war. Das Wichtigste, man wurde satt, der Geschmack war Nebensache.

Zu viel Fett, zu viel Mehl und Zucker, nach den entbehrungsreichen Jahren der Zwischenkriegszeit und des Zweiten Weltkriegs wurde gegessen, was das Zeug hielt. Meine Mutter, mein Bruder und ich wurden viel zu dick. Es hieß immer, wir hätten dann »was zum Zehren« für schlechte Zeiten. Zu tief steckte noch die Angst vor Not und Elend in den Köpfen vieler.

Für uns Kinder galt: Alles aufessen, ob es schmeckt oder nicht, ob wir Hunger hätten oder nicht. Wollten oder konnten wir nicht mehr weiteressen, wurden uns die »armen Koreabutzerl« (Babys in Korea; Koreakrieg 1950–1953, 4,5 Millionen Tote) vorgehalten, die massenweise wegen Lebensmittelmangels verhungerten.

Haushalt und Kochen waren nicht gerade die Lieblingsbeschäftigungen meiner Mutter. Es gab bei uns zu Hause nur ein Kochbuch: »So kocht man in Wien!« von einem gewissen Rudolf Rösch aus dem Jahr 1939. Vor Kurzem erfuhr ich in einer TV-Dokumentation, dass dieser Herr Rösch – oder wer auch immer vom Verlag Ernst Reinhardt in München dahintersteckte – auf Geheiß der Nazis 1938 alle »jüdisch angehauchten« Rezepte aus dem Buch entfernte, wie z. B. Rothschild-Omelette, Jaffa-Torte etc.

Dieses wunderbare, reich bebilderte Kochbuch war ursprünglich von Alice Urbach (1886–1983) verfasst und 1935 veröffentlicht worden, einer jüdischen Wiener Köchin und Witwe, die in den 1920er-Jahren mehrere Kochschulen in Wien gegründet hatte. 1938 wurde sie von den Nazis gezwungen, die Rechte an ihrem Kochbuch-Bestseller abzugeben. Das Buch wurde »arisiert« und unter dem Autorennamen Rudolf Rösch neu aufgelegt. »Rudolf Rösch, langjähriger Küchenmeister in Wien und Mitarbeiter des Reichsnährstandes« – so steht es auf Seite 3 meiner Kochbuch-Ausgabe.

Eine Doppelseite aus dem Kochbuch-Bestseller »So kocht man in Wien!«

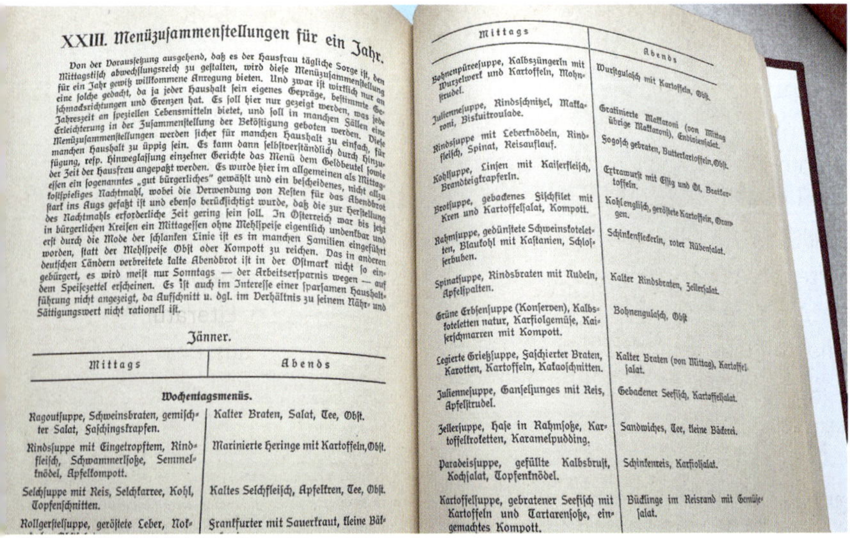

XXIII. Menüzusammenstellungen für ein Jahr.

Von der Voraussetzung ausgehend, daß es der Hausfrau tägliche Sorge ist, den Mittagstisch abwechslungsreich zu gestalten, wird diese Menüzusammenstellung für ein Jahr gewiß willkommene Anregung bieten. Und zwar ist wirklich nur an eine solche gedacht, da ja jeder Haushalt sein eigenes Gepräge, bestimmte Geschmacksrichtungen und Grenzen hat. Es soll hier nur gezeigt werden, was jede Jahreszeit an speziellen Lebensmitteln bietet, und soll in manchen Fällen eine Erleichterung in der Zusammenstellung der Beköstigung geboten werden. Diese Menüzusammenstellungen werden sicher für manchen Haushalt zu einfach, für manchen Haushalt zu üppig sein. Es kann dann selbstverständlich durch Hinzufügung, resp. Hinweglassung einzelner Gerichte das Menü dem Geldbeutel sowie der Zeit der Hausfrau angepaßt werden. Es wurde hier im allgemeinen als Mittagessen ein sogenanntes „gut bürgerliches" gewählt und ein bescheidenes, nicht allzu kostspieliges Nachtmahl, wobei die Verwendung von Resten für das Abendbrot stark ins Augs gefaßt ist und ebenso berücksichtigt wurde, daß die zur Herstellung des Nachtmahls erforderliche Zeit gering sein soll. In Österreich war bis jetzt in bürgerlichen Kreisen ein Mittagessen ohne Mehlspeise eigentlich undenkbar und erst durch die Mode der schlanken Linie ist es in manchen Familien eingeführt worden, statt der Mehlspeise Obst oder Kompott zu reichen. Das in anderen deutschen Ländern verbreitete kalte Abendbrot ist in der Ostmark nicht so eingebürgert, es wird meist nur Sonntags — der Arbeitsersparnis wegen — auf dem Speisezettel erscheinen. Es ist auch im Interesse einer sparsamen Haushaltführung nicht angezeigt, da Aufschnitt u. dgl. im Verhältnis zu seinem Nähr- und Sättigungswert nicht rationell ist.

Jänner.

Mittags	Abends
Wochentagsmenüs.	
Ragoutsuppe, Schweinsbraten, gemischter Salat, Faschingskrapfen.	Kalter Braten, Salat, Tee, Obst.
Rindssuppe mit Eingetropftem, Rindfleisch, Schwammerlsoße, Semmelknödel, Apfelkompott.	Marinierte Heringe mit Kartoffeln, Obst.
Selchsuppe mit Reis, Selchkarree, Kohl, Topfenschnitten.	Kaltes Selchfleisch, Apfelkren, Tee, Obst.
Rollgerstelsuppe, geröstete Leber, Nok-	Frankfurter mit Sauerkraut, kleine Bäk-

Mittags	Abends
Bohnenpüreesuppe, Kalbszüngerln mit Wurzelwerk und Kartoffeln, Mohnstrudel.	Wurstgulasch mit Kartoffeln, Obst.
Juliennesuppe, Rindsschnitzel, Makkaroni, Biskuitroulade.	Gratinierte Makkaroni (von Mittag übrige Makkaroni), Endiviensalat.
Rindssuppe mit Leberknödeln, Rindfleisch, Spinat, Reisauflauf.	Fogosch gebraten, Butterkartoffeln, Obst.
Kohlsuppe, Linsen mit Kaiserfleisch, Brandteigkrapferln.	Extrawurst mit Essig und Öl, Bratkartoffeln.
Brotsuppe, gebackenes Fischfilet mit Kren und Kartoffelsalat, Kompott.	Kohlenglisch, geröstete Kartoffeln, Orangen.
Rahmsuppe, gedünstete Schweinskoteletten, Blaukohl mit Kastanien, Schlosserbuben.	Schinkenfleckerln, roter Rübensalat.
Spinatsuppe, Rindsbraten mit Nudeln, Apfelspalten.	Kalter Rindsbraten, Zellersalat.
Grüne Erbsensuppe (Konserven), Kalbskoteletten natur, Karfiolgemüse, Kaiserschmarren mit Kompott.	Bohnengulasch, Obst
Legierte Grießsuppe, Faschierter Braten, Karotten, Kartoffeln, Kakaoschnitten.	Kalter Braten (von Mittag), Kartoffelsalat.
Juliennesuppe, Ganseljunges mit Reis, Apfelstrudel.	Gebackener Seefisch, Kartoffelsalat.
Zellersuppe, Hase in Rahmsoße, Kartoffelkroketten, Karamelpudding.	Sandwiches, Tee, kleine Bäckerei.
Paradeissuppe, gefüllte Kalbsbrust, Kochsalat, Topfenknödel.	Schinkenreis, Karfiolsalat.
Kartoffelsuppe, gebratener Seefisch mit Kartoffeln und Tartarensoße, eingemachtes Kompott.	Bücklinge im Reisrand mit Gemüsesalat.

Ich werde mir dazu noch das von Alices Enkelin Karina Urbach 2020 veröffentlichte Buch »Das Buch Alice. Wie die Nazis das Kochbuch meiner Großmutter raubten« besorgen. Karina Urbach, eine deutsche Historikerin, hat trotz umfangreicher Recherchen keinen Rudolf Rösch als Autor oder Küchenchef ausfindig machen können. Alice Urbach war 1938 nach England emigriert und lebte ab 1946 in Kalifornien. Noch mit 95 Jahren trat sie in US-Kochshows auf.

Hin und wieder riskierte meine Mutter einen Blick in dieses Kochbuch, wenn sie zum Beispiel eine spezielle Mehlspeise backen wollte. Meistens aber mischte sie die Zutaten »so ungefähr«, nach ihrem Gutdünken, zusammen. Das Ergebnis war dementsprechend. Oft machte sie dann doch nur eine Karlsbader Oblatentorte. Die war schnell gemacht, und Mutter musste dazu den Gasherd nicht einschalten. Ich aß die Torte sehr gern.

Alles musste bei meiner Mutter schnell gehen, damit sie sich wieder angenehmeren Dingen zuwenden konnte: Sprachen lernen, Klavier spielen, Nähen, all das tat sie viel lieber als Kochen. Ich kann es ihr nicht verdenken. Später, als sie in Pension war und in unserem Haus wohnte, wagte sie sich an neue Rezepte heran und kochte ganz passabel.

Im Haushalt meiner Eltern gab es eine Waage. Diese wurde selten benutzt, da sie erstens ganz oben auf der Kredenz stand und zweitens sehr kompliziert zu bedienen war. Wurde sie einmal heruntergenommen, musste sie zuerst von Staub und Fett befreit werden. Das war schon wieder zu viel Arbeit. Stand sie jedoch einmal auf dem Küchentisch, spielte ich mit ihr und wollte das Geheimnis dieser »Maschine« lüften. (Wie praktisch sind doch unsere Digitalwaagen heute!)

Als Kind war ich, in Ermangelung von kindgerechter Literatur bei uns zu Hause, von dem 560 Seiten dicken Kochbuch aus dem Jahr 1939 fasziniert. Stundenlang las ich die verschiedensten Rezepte und stellte mir vor, wie sie schmeckten.

Da gab es auch Kapitel über die geordnete Wohnung, Fleckentfernung, die Behandlung von Wäsche, Diät für Gichtkranke, Diabetiker und Blutarme, Abschnitte über die Verarbeitung von Essensresten, die

Ernährung von Kindern im Vorschulalter und über »Kampf dem Verderb«. Die Kapitel über die Mastkur und Mastdiät, aber auch über die Abmagerungsdiät (gegen Fettleibigkeit) interessierten mich sehr.

Ich las die Menüzusammenstellungen für ein ganzes Jahr (365 Tage), für Mittagessen und Nachtmahl. Unter dem Haupttitel des Buchs stand: »Ein Koch- und Haushaltungsbuch der gut bürgerlichen Küche«. Was ich unter »gut bürgerlicher Küche« verstehen hätte sollen, war mir als Kind nicht klar.

Wie konnte man an einem Tag so viel essen? Wer hatte so viel Geld und Zeit, all diese köstlichen Zutaten aus dem Buch jeden Tag zu kaufen und zu kochen? So viel Fleisch, jeden Tag eine Nachspeise? Spätestens an dieser Stelle erkannte ich damals schon die großen finanziellen und sozialen Unterschiede der einzelnen Bevölkerungsschichten in unserer Gesellschaft. Dieses Kochbuch war wohl für Bessergestellte geschrieben worden, noch bevor Krieg und Mangel herrschten.

Woher dieses Kochbuch in unserem Haushalt stammte, wusste niemand. Meine Mutter musste es von irgendjemandem (vielleicht zur Hochzeit?) bekommen haben. Sie selbst hätte niemals Geld für ein Kochbuch ausgegeben. Oh, wie anders ist das bei mir!

Bis heute begleitet mich das Kochbuch von Alice Urbach. Aber nicht jenes vergilbte, zerfledderte aus dem Bestand meiner Mutter. Ich fand das gleiche Buch, eines von mehreren Kochbüchern, im Haushalt meines Mannes vor. Es war in einem besseren Zustand. Seine Eltern hatten ebenfalls 1938 geheiratet. Der Schwiegervater fiel im Krieg, die Schwiegermutter, leider starb sie 1960, stammte aus begütertem Haus und war gewohnt, gut zu essen und zu kochen. Wäre es möglich gewesen, dass damals alle Paare bei der Eheschließung neben Hitlers »Mein Kampf« auch das Kochbuch »So kocht man in Wien!« von »Rudolf Rösch« als preiswertes Hochzeitsgeschenk bekamen? Hat man von politischer Seite versucht, den Frischvermählten auf diesem Weg vorzugaukeln, wie wunderbar das Leben und die Versorgung in der NS-Zeit werden würden?

Ich verwendete das alte Kochbuch gern und oft, und irgendwann einmal begann es sich in seine Bestandteile aufzulösen. Peter Richter de Rangenier, mein Lebensgefährte, der 1992 nach dem Tod meines Mannes Franz (er starb mit nur 49 Jahren an einer missglückten Darmoperation) in mein Leben trat, ließ beim Buchbinder Gstettenhofer in Böhlerwerk dieses mir so kostbare Buch zu meinem 50. Geburtstag neu binden. Dafür bin ich ihm heute noch dankbar!

*Wie man eine gute **Einbrenn** macht.*

In der Nachkriegszeit wurde das Gemüse gern »eingebrannt«, damit man länger satt blieb. Heute braucht man hin und wieder eine Einbrenn, um einem Gericht mehr Standfestigkeit zu geben. Zum Beispiel einem Wildragout, einem Beuschel (Kalbslunge in feiner Soße), einem Erdäpfeleintopf oder einer Dillsoße (siehe auch Rezept »Karpfennockerl«).

Einbrenn

Zutaten für 4 Portionen

50 g Butter oder Margarine

50 g glattes Mehl

½ Liter kaltes Wasser oder kalte, klare Suppe

Butter schmelzen lassen, Mehl zugeben und leicht anrösten, nicht schwarz werden lassen, immer gut rühren. Die geröstete Mehlschwitze von der Platte nehmen, etwas abkühlen lassen, dann die Flüssigkeit unter ständigem Rühren zugeben und glatt rühren. (Wird sie nicht glatt, durch ein feines Sieb streichen.)

Erhitzt man nun die Soße wieder, wird sie rasch dick, daher immer gut weiter rühren (damit sie nicht anbrennt). Dann kann sie weiterverarbeitet werden.

Wenn man die Einbrenn vor dem Wieder-Erhitzen in das Kochgut gibt, und dieses wird selbst erhitzt, so dickt diese Soße auch an. Aber gut rühren, sonst entstehen Verdickungen.

Strudelteig

FÜR APFEL- UND TOPFENSTRUDEL, KROATISCHE PITA, KRAUT-, FLEISCH- UND SPINATSTRUDEL

300 g glattes Mehl

130 ml Wasser

3 EL Öl

1 Ei

1 TL Salz

1 EL Butter

Alles vermischen und so lange kneten, bis der Teig elastisch ist. Den Teig mit wenig Öl bepinseln, auf einen dicken, erwärmten Teller (Porzellan oder Steingut) legen und eine ebenso dicke, erwärmte Schüssel, falls vorhanden, darüber geben. 60 Minuten rasten lassen.

Auf einem sauberen Tischtuch etwas Mehl stauben und den Teig auswalken. Mit den Händen darunter fassen und immer mehr den Teig vorsichtig in alle Richtungen ausziehen, bis er schön dünn ist. Die verdickten Ränder abzupfen, es dürfen keine Verdickungen bleiben.

Die abgezupften Teigreste eignen sich sehr gut als Suppeneinlage für eine klare Rindsuppe (Zupfleckerlsuppe).

Der Teig kann jetzt nach Belieben gefüllt werden. Aufrollen und in eine gut gefettete Rohrpfanne legen. Mit flüssiger Butter oder Margarine bestreichen. Bei 160–180 °C backen, bis er eine goldbraune Farbe angenommen hat.

In meinen jungen Jahren gab es noch keinen fertigen Strudelteig zu kaufen. Man musste ihn selbst zubereiten. Unerfahren wie ich war, stellte ich meinen Teig zum Rasten in den Kühlschrank (!). Danach ließ und ließ er sich nicht ausziehen. Kolleginnen von der Pädagogischen Akademie, die ein Hauswirtschaftsgymnasium besucht hatten, klärten mich auf und gaben mir den Tipp mit der warmen Schüssel.

6 Die Nachmittagsjause mit Hans und Werner

Werner war der Freund meines Bruders Hans und ging mit ihm in die Volksschule. Er war der ältere von zwei Söhnen der Familie F. Seine Eltern betrieben ein winziges Feinkostgeschäft am Anfang der »Enge« (Enge Gasse), das war die schmale Fortführung des Stadtplatzes unserer Stadt.

Werners Schulleistungen waren eher bescheiden, und so half ihm mein Bruder, der schon damals durch seine überdurchschnittliche Intelligenz aufgefallen war, bei den Hausaufgaben. Werner besuchte mit Hans auch das Gymnasium, maturierte und promovierte später mit Auszeichnung im Fach Geologie. (Das nur zu schlechten Leistungen in der Volksschule.)

Werner, groß und dürr wie eine Bohnenstange, war bei uns zu Hause bald wie ein drittes Kind. Nach der Schule aß er noch zu Mittag bei seinen Eltern, dann kam er zu uns – und entkam auf diese Weise auch den ewigen Streitereien mit seinem Bruder.

Nach dem Essen eilte meine Mutter um zwei Uhr Nachmittag wieder ins Geschäft zur Arbeit. Bei uns Kindern stellte sich regelmäßig um halb vier Uhr ein gewisser Hunger ein. Wahrscheinlich hatte das eingebrannte Gemüse doch nicht so lange angehalten. Es war Zeit für eine Jause.

Wir machten uns eine Kanne Tee und sahen nach, was es in unserer Kredenz Essbares gab. Neben Brot war da meistens nicht viel vorrätig: Margarine, Senf, Zucker, Salz, Majoran und Kümmel. Mit diesen Zutaten gestalteten wir unsere Brote. Es gab also Senfbrot, Zuckerbrot (es knirschte so schön im Mund, wenn man den Kristallzucker zerbiss) oder Margarinebrote, die wir mit Salz, Majoran oder Kümmel bestreuten.

So gestärkt, setzte sich mein Bruder ans Klavier und reagierte sich derart mit wildem Rock 'n' Roll und Boogie-Woogie ab, dass das

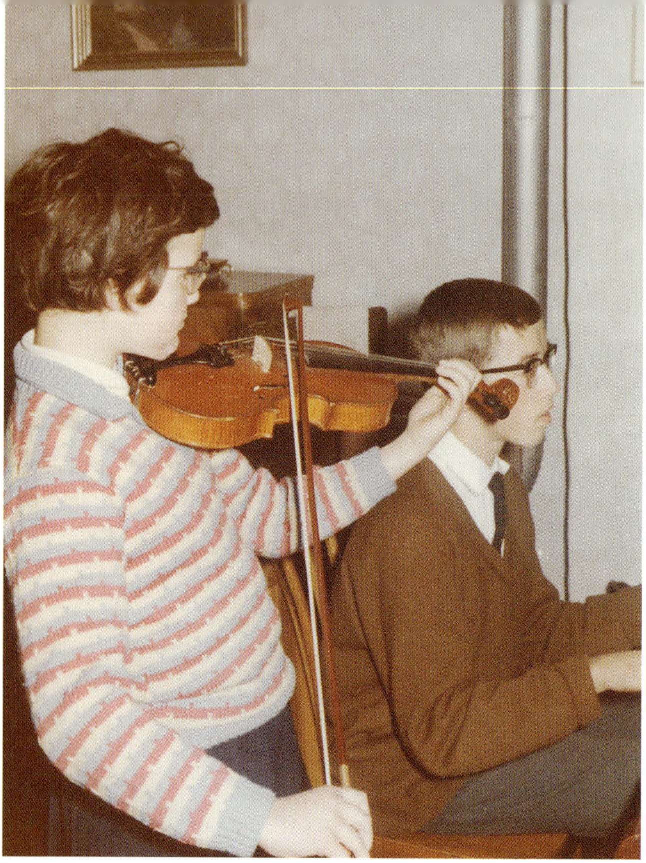

Mit meinem Bruder Hans beim Musizieren.

Klavier wackelte. Unsere beiden Katzen, die darauf ihren Mittagsschlaf hielten, störte das nicht. Spielte er aber noch das »Allegro barbaro« von Béla Bartók, war das den Vierbeinern doch zu viel und sie verließen fluchtartig ihren Ruheplatz. Hatten wir einen Vorspielabend, übte mein Bruder mit einer berechtigten Strenge mit mir, die ich damals aber noch nicht zu schätzen wusste.

Nach Jause und Klavierspiel ging jeder zu seinen Schularbeiten oder wir spielten etwas, zum Beispiel »Zicken«, ein Spiel mit Zehngroschenstücken, das Brettspiel DKT (Das kaufmännische Talent) oder eines unserer Kartenspiele: Opernquartett, Dichterquartett oder »Geschichtliches Terzett«.

Ich profitierte von diesen Kartenspielen enorm. In der Volksschule, aber auch im Gymnasium verblüffte ich die Lehrer mit diesem Wissen. Mein Bruder erklärte mir, wie man diesen oder jenen Namen eines Opernkomponisten aussprach, und ich sang mir selbst die paar Takte der berühmtesten Opernarien vor, die auf der Karte zu sehen waren. Im Opernführer las ich die Handlung der Stücke durch, die Lebensdaten und Werke der Dichter und Komponisten merkte ich mir, ebenso wichtige Meilensteine der Geschichte. Für meine Kinder suchte ich später noch lange nach diesen Kartenspielen. Es gab sie nicht mehr. Wie schade! (Meine Nichte Johanna, die Tochter meines Bruders, kam mit sieben Jahren zu uns, weil ihre Mutter gestorben war. Sie übersiedelte erst wieder nach der Matura zu ihrem Vater nach Wien, um zu studieren. Mein Sohn Ulrich hatte somit quasi eine vier Jahre ältere Schwester, für mich war sie wie eine Tochter.)

Manchmal stritten wir Kinder auch, und da kam es schon vor, dass eine Glasscheibe oder der Luster im Schlafzimmer daran glauben mussten. Werners Vater bezahlte.

Um 17 Uhr kam unser Vater, er war Werkzeugschlosser, von der Fabrik nach Hause. Fürsorglich begann er für uns zu kochen. Auch Werner musste ordentlich gemästet werden. Vater kochte Haferflocken mit Milch und Zucker oder Grießkoch. Über den Haferflockenbrei rieb er Kochschokolade, über das Grießkoch goss er geschmolzene Margarine und siebte Kakao und Staubzucker darüber.

Werner wurde bei diesem »Mastfutter« kein bisschen dicker, Hans und ich schon. Wir gingen auf wie Germknödel.

War Werner nicht bei uns, gab es Abendessen mit Mutter und Vater. Eine Kanne Zitronentee, Hausbrotscheiben mit Margarine, und jeder bekam eine halbe Sardine aus der Konserve. Wollte man zwei Brote essen, musste man die halbe Sardine noch einmal teilen. Mehr gab es nicht.

Im Sommer kam manchmal ein grüner Salat mit hart gekochten Eiern, eine Saure Wurst oder eine Presswurst auf den Tisch. Das war schon etwas Besonderes. Und nach Feiertagen kam es mitunter vor, dass unsere Tante Rosi von ihren Verwandten einen Topf Schmalz,

Gänsefett oder Bratlfett mitbrachte. Lange konnte man mit diesem Schmalz herrliche Jausenbrote bestreichen.

Der Feinkostladen von Werners Eltern war ein kleines Universum. Es roch nach schimmeliger Salami, geräuchertem Schinken, Kaffee, Sauerkraut und vielem mehr. Jeden Samstag, kurz vor Ladenschluss, musste ich, als Kleinste der Familie, mit einer Tasche in den Feinkostladen gehen und warten, bis die letzten Kunden bedient worden waren. Dann packte Werners Mutter alle für die nächste Woche nicht mehr verkäuflichen Waren in meine Einkaufstasche. Manchmal war auch ein Paket Kaffee dabei. Meistens handelte es sich um Wurstzipfel, Schinkenreste (oft schon grünlich schimmernd), Speckscheiben, Anschnittscheiben von Wurst etc.

Ich beobachtete die Kunden, die noch schnell ihre Wochenendeinkäufe in diesem Geschäft tätigten. Es waren immer die gleichen. Was sie bezahlten, fiel mir auf, und wie teuer die einzelnen Leckereien waren. Neid und oft auch arge Scham befielen mich, da ich neben diesen reichen Leuten als Almosenempfängerin warten musste. Jeder in meiner Familie hätte sich dafür geschämt. Ich musste herhalten, weil ich mich nicht wehren konnte.

Zu Hause begutachtete mein Vater die mitgebrachten Reste. Den Schinken briet er in heißem Öl, damit die grünliche Farbe und der seltsame Geruch verschwanden. Die Wurstreste wurden faschiert und oft am Sonntag zu Fleischlaibchen verarbeitet. Ich hasste diese und weigerte mich, sie zu essen, standen sie doch als Zeichen meiner Schmach auf dem Tisch. Es gab dazu Püree mit gebratenen Zwiebelringen. Das schmeckte mir, das aß ich.

7 Die Lebensmittellieferungen

Kurz nach Ende des Zweiten Weltkriegs starb der Arbeitgeber meiner Mutter. Bis das Geschäftshaus wieder eröffnet wurde – aus einem Lebensmittelgroßhandel wurde ein Geschäft für Seile, Haushaltswaren, Artikel für Handwerk und Fischerei und vieles mehr – arbeitete meine Mutter aushilfsweise in verschiedenen Läden unserer Stadt, in Gemischtwarenhandlungen und in einem Laden für Milchprodukte. (Noch heute erinnere ich mich an den Geruch der Buttersäure, den meine Mutter damals mit nach Hause brachte.)

Dort arbeitete auch Gustl, mit dem sich meine Mutter gut verstand. Gustl machte sich selbstständig und eröffnete eine Greißlerei in einem weit vom Stadtzentrum gelegenen Bezirk auf einer Anhöhe in der Nähe der weltberühmten Wallfahrtskirche Christkindl. Vielleicht hatte diese Greißlerei Anfangsschwierigkeiten, oder Gustl war auf der Suche nach neuer Kundschaft. Er bot meiner Mutter an, dass alle Lebensmittel für ihre Familie am Samstag nach Ladenschluss gegen Bezahlung, aber frei Haus geliefert würden. Das war meiner Mutter nur recht, und so kam jeden Samstagnachmittag, sommers wie winters, Gustls Frau mit einer Schachtel voll Lebensmittel zu uns. Da sie kein Auto hatten, fuhr seine Frau mit dem Rad, auf dem Paketträger die große Schachtel.

Mutter hätte ihre Waren bestellen können, sie hätte ihr eine Liste für die nächste Wochenendlieferung schon mitgeben können, aber da die Haushaltsführung nicht gerade zu ihren Prioritäten zählte, nahmen Gustl und seine Frau ihr diese Aufgabe ab. Sie packten nach Gutdünken alle Lebensmittel, die eine vierköpfige Familie in einer Woche verbrauchen würde, in diese Schachtel. Meist waren es Waren wie Mehl, Margarine, Fischkonserven, Milch, Rahm, Zucker, Kaffee, im Sommer Joghurt und dergleichen. (Lange dachte ich, Joghurt gäbe es nur im Sommer.)

Waren Leckereien wie gefüllte Biskuitomeletten oder Ähnliches am Samstag übrig geblieben, wurden auch diese eingepackt. Meine Mutter liebte diese sehr und aß sie noch im Stehen, kaum war die

Schachtel geliefert worden. Ja, die Erinnerungen an die entbehrungsreichen Kriegsjahre steckten noch tief in ihr.

Gustls Frau wurde ins Wohnzimmer gebeten und mein Vater kredenzte seinen Kaffee, für den er über die Grenzen unserer Wohnung hinaus berühmt war. Dazu gab es seinen ebenso berühmten Kuchen, den er am Vormittag gebacken hatte. Wir nannten ihn »Papakuchen«, und so heißt er noch heute. Jeder bekam ein Stück. Diese Zeremonie leitete den Beginn des Wochenendes ein. Der restliche Kuchen wurde am Sonntag zum Frühstück gegessen, und Tante Rosi und »Tante Wittigschlager« bekamen auch ein Stück.

Der beliebte »Papakuchen«, für den mein Vater berühmt war.

Mein Vater verwendete beim Backen keine Waage, er hatte eine Tasse, mit der er alle Zutaten abmaß. Selten musste der Kuchen auf der Unterseite »rasiert« werden, oder er war »sitzen geblieben«. Vater behauptete dann immer, dass der Gasherd unregelmäßig mit mehr oder weniger Gas geheizt hätte.

Donnerstag- und Samstagvormittags gibt es auch heute noch auf dem Steyrer Stadtplatz einen Wochenmarkt. Aus diesem Anlass kam jeden Donnerstag in der schöneren Jahreszeit eine entfernte Verwandte meines Vaters, die Tante Mizzi, zu uns. Bereits um sieben Uhr früh brachte sie uns Gemüse und Obst aus ihrem eigenen Garten. (Das Gemüse landete dick eingebrannt bei uns auf dem Mittagstisch.) Sie hatte alles schön auf einem Zettel notiert, die Mengen, die Preise. Meine Mutter, in Eile, zahlte, ohne den Zettel zu beachten. Mir tat Tante Mizzi leid, die sich so viel Mühe mit der Rechnung gemacht hatte. Darum kontrollierte ich gewissenhaft ihren Zettel – ich tat vielmehr nur so – und nickte mit dem Kopf. Im Herbst hatte sie herrliche

Äpfel dabei, außen zitronengelb, innen weiß und saftig. Einen nahm ich mir immer in die Schule mit. Danach besuchte sie den Markt.

In den Ferien, aber auch am Samstag nach dem Schulunterricht (damals gab es am Samstag noch Unterricht) wurde ich manchmal mit dem Auftrag, etwas zu kaufen, auf den Wochenmarkt geschickt. Auch ohne Auftrag schlich ich mich oft heimlich aus dem Haus, dem Markt zu. Ich benutzte dazu den Berggassenausgang, denn wäre ich durch das Geschäft gegangen, hätte mich meine Mutter gesehen. Sicherlich hätte sie wissen wollen, wohin ich gehe, und gefragt, ob ich nicht etwas zu lernen hätte. So lief ich die paar Schritte bis zur Mayrstiege, dann sprang ich gleich mehrere Stufen hinunter, und schon war ich mitten auf dem Stadtplatz.

Der Markt reichte damals von der zur Enns abwärtsführenden schmalen Gasse bis zur Marienkirche, jedoch nur auf der schattigen Seite. Auch im heißesten Sommer ist es dort zur Vormittagszeit wunderbar kühl. Am Markt spiegelten sich alle Facetten unserer Gesellschaft wider. Da flanierten die reichen Hausfrauen genauso wie die Arbeitslosen. Die berufstätigen Frauen hasteten und drängten sich bei den Ständen vor. Großmütter ließen es etwas entspannter angehen.

Auf dem Markt hielt ich immer Ausschau nach Leo. Er muss Ausländer gewesen sein, sein Alter war schwer zu schätzen (erst vor Kurzem erfuhr ich, dass er Ungar gewesen war). Leo war groß, hager und hatte einen dunklen, mediterranen Teint. Sein Deutsch war sehr schlecht. Den Marktfahrern half er in der Früh, ihre Stände aufzubauen. Er war ärmlich gekleidet und seine Hose hatte er mit einer Schnur an seinen hageren Knochen befestigt.

Sah ich ihn, begrüßte ich ihn immer mit den Worten: »Griaß di Leo, wia geht's?« Das freute ihn sehr und er antwortete: »Gut, gut, schene Weda heit!« Von meiner Kusine Erni erfuhr ich, dass Leo am Abend in der Weinstube Schenkenfellner am Stadtplatz die übrig gebliebenen Reste der alkoholischen Getränke der Kunden spendiert bekam.

Ich mochte Leo, denn er hatte unsere kleine Katze Susi im Keller des »Grieskirchner Bräu« wiedergefunden. Er sagte damals: »Da, Katze, grau-grün!« (Ihr Fell hatte allerdings die Farbe ihres Erzeugers, des mächtigen Nachbarkaters Mucki, ein fahles Rotbraun. Leo hatte es nicht so mit den Farben.) Auf welche Weise sie dahin gelangt war, ist mir heute noch ein Rätsel.

Auf dem Markt hörte man immer den neuesten Tratsch, und oft horchte ich zufällig oder auch mit Absicht den Gesprächen zu. Zu Hause fühlte ich mich dann wichtig, denn ich konnte die Neuigkeiten weitergeben.

Gleich an vorderster Stelle des Markts gab es einen Gemüsestand, geführt von einer tüchtigen Marktfrau und ihrer Tochter Gitti. Wenn man Gitti beobachtete und ihr ins Gesicht blickte, erkannte man, dass sie geistig behindert war. Einmal hörte ich ihre Mutter salopp sagen, als sie von einer Kundin gefragt worden war, was Gitti hätte: »Ah, wo's woins, im Rausch g'mocht.« (Zu Deutsch: »Ach, was wollen Sie, im Zustand der Betrunkenheit gezeugt.«) Als Kind konnte ich mir darunter nichts vorstellen. Zu Hause fragte ich meine Mutter. Sie wusste es auch nicht.

An den Samstagen nach der Schule und in den Ferien arbeitete auch eine Mitschülerin aus der Volksschule auf dem Markt mit. Es war Aloisia, die von unserer Lehrerin nicht immer gut behandelt wurde. Dann gab es den Würstelstand der Familie Migschitz. Karl, der Sohn, war Lehrbub im Geschäft, wo auch meine Mutter arbeitete. Ich mochte Karl und bewunderte ihn sehr, da er wagemutig auf der Enns Kajak fuhr und oft auch in der feldgrünen Uniform einen schnittigen jungen Feuerwehrmann abgab. Ging man an diesem Würstelstand vorbei, duftete es verführerisch nach geselchten Würsteln. Ich beneidete Karl, hatte er doch täglich Zugang zu diesen herrlichen Sachen.

Obst- und Gemüsestände, große und kleine, je nach Jahreszeit, Händler, aber auch sogenannte Marktweiberl mit den wenigen Schätzen aus ihren Schrebergärten wechselten sich ab.

Bemerkenswert waren auch die kleinen, mit Segeltuch überdachten Buden, in denen Kurzwaren, Tisch- und Bettwäsche, Geschirrtücher, Polster und vieles mehr angeboten wurden.

In einer dieser Buden saß eine ältere, sehr beleibte Frau mit bunt bestickten und mit kitschigem Flitter verzierten Polstern. Blieb man stehen und betrachtete diese, sagte sie jedes Mal mit tiefer, heiserer, asthmatischer Stimme: »Santa Maria, mein schönstes Stück!« und wies mit der Hand auf einen grell bestickten Polster hin, dessen Motiv das Schiff des Christoph Kolumbus in wogender See zeigte. Oft kehrte ich zum Stand zurück, nur um sie sprechen zu hören. Auch die Polster waren skurril, gefallen haben sie mir nicht. Ich war einfach fasziniert von diesem »Schauspiel«.

Papakuchen

4 Eier

250 g weiche Margarine oder Butter oder etwas weniger (damals war sie selten und teuer)

1 gehäufte Tasse glattes Weizenmehl

1 Tasse Zucker (oder etwas weniger)

Vanillezucker

3 EL Rum

Zitronenschale und Saft von 1 Bio-Zitrone

1 Packerl Backpulver und so viel Milch, dass der Teig »träge in Bändern fließt« (so sagte mein Vater)

Semmelbrösel

Fett und Zucker schaumig rühren, die Aromen zufügen, die Eier gut vermischen und dazugeben. Das Mehl mit dem Backpulver vermischen und mit der Milch zum Teig dazugeben. Alles gut verrühren. Den Teig in eine mit Fett bestrichene und mit Semmelbröseln ausgeschwenkte Gugelhupfform füllen. Im vorgeheizten Backrohr bei 160 °C ca. eine Stunde backen. Vor dem Herausnehmen Stäbchenprobe machen (klebt noch Teig daran, ist er noch nicht fertig).

Mein Vater hatte mehr Geduld beim Backen und Kochen als meine Mutter. Er liebte es, am Samstagvormittag einen Gugelhupf zu backen. Dafür brauchte er eine Tasse, die ungefähr 0,4 Liter fasste. Damit maß er die Zutaten ab.

Früher hat mein Vater alles mit dem Schneebesen gerührt, später dann mit dem Mixer. Er ließ mich oft vom Teig kosten, jedoch stets, bevor das Backpulver dazugegeben wurde. Warum, weiß ich heute noch nicht, aber es wird einen Sinn gehabt haben. Er war wirklich ein guter Vater!

8 Meine Freundin Susi und die Kochkünste ihrer Mutter

Susi ging mit mir in die Volksschule und in sechs Klassen Gymnasium. Jedenfalls gingen wir nicht miteinander in den Kindergarten. Ob sie jemals einen solchen besucht hat, entzieht sich meiner Kenntnis. Ihre Mutter war Hausfrau, ihr Vater Diplomingenieur in einer großen staatlichen Firma und mit dem Amts- und Berufstitel »Hofrat« ausgezeichnet worden. Sie wohnten in einer schönen, hellen Dienstwohnung.

Susi war der Nachzügler und das Nesthäkchen, sie hatte drei ältere Brüder, die schon studierten oder arbeiteten. Sie wurde verwöhnt und bekam alles, was sie mit Vehemenz einforderte. Ich glaube, ihre Mutter war mit den Launen der Tochter oft überfordert.

Zum Unterricht kam Susi fast jeden Tag zu spät. Sicher hatte sie zu Hause oder auf dem Schulweg getrödelt. Wenn der Unterricht in der Volksschule zu Ende war, mussten wir unsere Mäntel und Schuhe anziehen, die an der Rückwand der Klasse hingen bzw. unter einem Bänkchen standen. Susi trödelte auch hier. Sie wusste genau, dass wir die Klasse nicht verlassen konnten, bevor nicht alle in einer Zweierreihe vor der Tür Aufstellung genommen hatten. Sie saß auf dem Bänkchen, unter dem die Schuhe gestanden waren, und wartete. Ja, sie wartete, dass wir ihr die Schuhe anzögen. Weil alle schon nach Hause wollten, fanden sich tatsächlich einige, die ihr in die Schuhe halfen. (Einmal zogen verärgerte Mitschülerinnen ihr die Schuhe verkehrt an, und so ging sie auch nach Hause!) Auch den Mantel zogen sie ihr oft an und den Schulranzen schnallten sie ihr über.

Ich beteiligte mich nie an diesen Aktionen. Lieber wäre ich bis zum Abend in der Klasse gestanden. Die Lehrerin hätte diesen Unfug abstellen können, aber sie hat geschwiegen.

Meine Freundschaft mit Susi bahnte sich schon in der Volksschule an. Von ihren Eltern wurde ich als ihre Freundin erst akzeptiert, als wir beide das Gymnasium besuchten, ich mir einigen Respekt wegen meines Geigenspiels errungen hatte und auf Herz und Nieren auf meine moralische und gesellschaftliche Unbedenklichkeit geprüft worden war. Sie hofften wahrscheinlich, dass ein kleines Quäntchen meines Eifers und Ehrgeizes Susi positiv beeinflussen und motivieren könnte.

Für Susi spielten all diese Voraussetzungen keine Rolle. Sie akzeptierte mich wegen meines Mutes und meiner Vorlautheit. Mir ging in der Schule manches viel zu langsam – so musste ich immer neben einer sehr ruhigen und langsam arbeitenden Mitschülerin sitzen. Die Lehrerin wusste, dass ich ihr helfen würde und ihre Aufgaben dadurch schneller ins Heft oder aufs Zeichenblatt gelangten. Und bevor nicht alle fertig waren, fuhr sie nicht mit dem Unterrichten fort. Man kann sich vorstellen, wie langweilig der Unterricht oft war.

Susi schätzte meine Risikobereitschaft, meinen Humor und meine Hilfsbereitschaft. Wenn ich der Meinung war, dass unsere Lehrerin etwas Falsches »verzapft« hatte, konnte es vorkommen, dass ich sie korrigierte, was wiederum deren Unmut entfachte. Dafür bewunderte mich Susi, dafür teilte sie manchmal ihre Jause mit mir.

Susi und ich gingen auch gemeinsam in die Kirche. Ein Religionslehrer hatte uns in der Volksschule so derart beeinflusst, dass wir der festen Überzeugung waren, besuchten wir nicht jeden Sonntag den Gottesdienst, würde uns die ewige Glückseligkeit im Himmel versagt bleiben.

Meine Eltern wollten mir diesen Unsinn ausreden, sie gingen nie in die Kirche, aber sie waren tolerant und ließen mich gewähren. Wahrscheinlich dachten sie, ihre Tochter würde, wenn sie älter wird, ohnehin damit aufhören.

Außerdem diente der sonntägliche Kirchgang Susi und mir als Anlass zu einem netten Beisammensein, zu einem langsamen Nach-Hause-Schlendern durch unsere schöne alte Stadt, die sich so ganz anders darstellte als unter der Woche, so viel ruhiger und sauberer. Darüber hinaus hätte ich zu Hause wohl nur Kartoffeln schälen sollen!

Im Zentrum von Steyr gibt es drei Kirchen, die große, gotische Stadtpfarrkirche, die barocke Marienkirche am Stadtplatz und die

Michaelerkirche, erhaben stehend über dem romantischen Zusammenfluss von Enns und Steyr. Diese drei Kirchen standen nur einige Steinwürfe voneinander entfernt.

Die Michaelerkirche war zugleich unsere »Gymnasiumskirche«, wo wir beichten gehen mussten und die Gottesdienste zu hohen Feiertagen und zu Anfang und Ende des Schuljahres abgehalten wurden. An diesen Messen mussten alle Schüler teilnehmen, nur die evangelischen nicht. Aber von diesen gab es kaum welche.

In solchen Messen sah man einmal mehr, besonders oben vom Chor aus, wo Chor und Orchester saßen, wie viele Schüler das Gymnasium besuchten.

In der ersten Klasse durfte ich im Schulchor bei der Altstimme mitsingen. Ich erinnere mich, es war die Messe in G-Dur von Franz Schubert. Er war immer mein Lieblingskomponist, war ich doch in jenem Haus geboren worden und aufgewachsen, in dem Schubert sein »Forellenquintett« komponiert hatte.*

Im Schlussgottesdienst der zweiten Klasse durfte ich schon im Schulorchester in der 2. Geige mitspielen, obwohl ich die Kleinste war. Das erfüllte mich mit Stolz. Zuvor hatte man sich im Freifach »Orchesterübungen« qualifizieren müssen.

Es wurden große Messen aufgeführt, der Schulchor und das Schulorchester wurden ordentlich in die Pflicht genommen. Aber gerade das gefiel mir, hatte ich doch schon mit sechs Jahren Violine zu spielen begonnen und tüchtig geigen können. Musik war mein Lieblingsfach, denn über Musik wusste ich mittlerweile einiges und konnte es im Unterricht auch zeigen.**

Susi und ich gingen ursprünglich sonntags zur Messe in die Stadtpfarrkirche. Dort waren wir getauft worden, dort hatten wir unsere erste Kommunion erhalten und dort gingen wir auch im Advent manchmal in die Rorate, Beginn sechs Uhr früh! (Mich fröstelt heute noch, wenn ich an den Aufenthalt in der eiskalten Kirche denke. Damals war man noch weit von einer Kirchenheizung entfernt.)

Klassenfoto, 4. Klasse Volksschule, Juni 1962. Ich sitze in der 1. Reihe, 2. v. re.
(Foto: Bichler, Steyr)

Zur Belohnung für diese anstrengende katholische Übung erhielten wir am Ausgang der Kirche eine kleine, bunte Marke (jedes Mal eine andere Farbe), die wir auf eine Karte kleben mussten. Wofür, ist mir heute nicht mehr in Erinnerung. Vielleicht hätte man für eine volle Karte etwas Nettes bekommen, ein Bildchen, eine kleine Schokolade? (Im Advent, der als strenge Fastenzeit galt? Sicher nicht!) Es war ohnehin schwierig, die Karte vollzubekommen.

Ob wir wirklich andächtig der Messfeier folgten? Daran kann ich mich auch nicht mehr erinnern.

Nur ein Ereignis habe ich nicht vergessen: Wie es früher üblich war, sammelte ein Messdiener (Mesner) mit einem sogenannten Klingelbeutel während des Gottesdiensts die Kollekte ein. Er ging von Bankreihe zu Bankreihe, das Glöckchen am roten Samtbeutel klingelte leise und sollte die eingenickten Gläubigen aufwecken, damit sie ihren Obolus abgeben konnten.

Der Klingelbeutel hing an einer langen Stange, mithilfe derer der Mesner geschickt auch die letzten Leute erreichte, die versteckt hinter Säulen saßen und vielleicht dösten oder unbehelligt vom Messgeschehen einen Rosenkranz beteten. Schon zuvor war sein Kommen durch eine laute Glocke angekündigt worden. All das war für uns Gewohnheit, es regte uns nicht auf.

Aber eines Tages war der alte Mesner verschwunden, vielleicht war er gestorben oder in Rente gegangen, und an seiner Stelle kam ein jüngerer Messdiener. Dieser sah irgendwie verwegen aus. Heute weiß ich, dieser Mann musste im Kleinkindalter rachitisch gewesen sein, denn seine Stirn und der Hinterkopf waren deformiert und zu ungewöhnlichen Maßen ausgewachsen.

Susi und ich sahen uns an, vergaßen zu spenden und begannen verstohlen zu kichern. Am nächsten Sonntag warteten wir schon gespannt auf das Erscheinen des neuen Mesners. Wir mussten wieder lachen, als er an uns vorüberging. Nun trauten wir uns schon, ihm ins Gesicht zu schauen. Es war einfach faszinierend.

Als wir im nächsten Gottesdienst die große Glocke läuten hörten, wussten wir, welches Schauspiel gleich folgen würde, und schon begannen wir zu lachen, leise natürlich, aber wir konnten nicht aufhören, bis die Messe aus war. (Unser konditioniertes Verhalten erinnert mich an das Experiment mit dem Pawlow'schen Hund, Glocke – Lachkrampf.)

Aus war es mit unserer Frömmigkeit! Das konnte so nicht weitergehen. Der liebe Gott würde uns dafür bestrafen, dachten wir. So beschlossen wir, künftig nicht mehr nebeneinanderzusitzen. Am Sonntag darauf setzte sich Susi in die erste Bank, ich in die letzte. Doch als die Glocke erklang, drehte sich Susi kurz zu mir um, und wieder schüttelte uns beide ein Lachkrampf. Eiligst lief ich aus der Kirche und wartete draußen auf Susi. Es blieb keine andere Wahl: Wir mussten die Kirche wechseln. Fortan gingen wir in die Marienkirche am Stadtplatz. Wir saßen in einer Seitenkapelle, dort war es auch nicht so kalt.

Susis Eltern besaßen in einer der schönsten Gebirgsgegenden Oberösterreichs eine prächtige Villa aus der Jahrhundertwende. Dort wurden die Sommer- und Winterferien verbracht, zumindest von Susi und ihrer Mutter, manchmal waren auch die Brüder und deren Freundinnen dabei, selten Susis Vater.

Weil sie aus purer Langeweile ihre Mutter oft strapazierte, durfte ich in fast allen Ferien einige Wochen bei Susi in H. verbringen. Susi war schwierig. Im Nachhinein erkannte ich meine Stellung in dieser Konstellation, ich war der Blitzableiter, die Unterhaltung und Ablenkung für Susi. Wahrscheinlich sahen ihre Eltern in mir ein Geschenk des Himmels. So war beiden Seiten gedient. Ich durfte wunderbare Ferien verbringen und Susi war »entschärft«.

In H. lernte ich das Skifahren. Susi nahm keine Rücksicht auf meine mangelhaften Fahrkünste. Sie fuhr schon von klein auf Ski und dachte wahrscheinlich, dass Skifahren jeder von Geburt an können müsse.

Ich erinnere mich noch mit Schaudern an den ersten Tag auf der Skipiste: Nahe der Villa gab es eine Pension, die Zimmer an Touristen vermietete. Am Hang betrieb diese Pension einen primitiven T-Schlepplift mit zwei Bügeln, einer oben, einer unten. Ich konnte nur Schuss fahren, den Stemmbogen zeigte mir erst später einer der Brüder.

Am Hang fuhren Susi und ihr Bruder wie die Wilden. Ich fuhr sehr zaghaft, meistens aber Schuss. Als es Zeit war heimzukehren, beschlossen die beiden, die Abkürzung über den Jungwald zu nehmen. Ich wäre ja gern über den Weg zu Fuß nach Hause gegangen, aber Susi meinte, ich müsse mit.

Während die beiden vermutlich längst zu Hause waren, kämpfte ich mit jeder kleinen Fichte und dem meterhohen Schnee. Es wurde dunkel, die Sterne waren schon zu sehen und es war eisig kalt. Immer war ich noch in diesem Wäldchen. Niemand suchte mich, niemand kam mir zu Hilfe. Erschöpft und durchnässt erreichte ich nach einer Stunde, die mir wie eine Ewigkeit vorkam, die Villa. Da erkannte ich, dass ich schnellstens das Skifahren erlernen musste, um mithalten zu können.

Ich lernte schnell, obwohl meine Ausrüstung »steinzeitmäßig« war. Zu lange Ski, sie gehörten meinem Bruder, zu große Skischuhe, die Fäustlinge waren aus Wolle und an der Skihose blieb der Schnee kleben, obwohl es damals schon Wasser abweisende Stegskihosen gegeben hätte. Meine Mutter hatte die Skihose aus einer alten

Eisenbahneruniform genäht. (Meine Eltern hatten keine Ahnung von einer adäquaten Sportausrüstung, das lag nicht in ihrem Interessengebiet.) Auch mein Anorak war zu klein und nicht wasserdicht.

Bei Susis Mutter lernte ich etwas anderes, einen ganz neuen Lebensstil. Da wurden die Speisen auf einzigartige Weise zubereitet, wie ich das von zu Hause nicht kannte. Sie kochte mit Leidenschaft, hauptsächlich Hausmannskost, aber auf herrlich geschmackvolle Art und Weise. Nicht einmal die Kochkünste meiner Tante Betti, die vor dem Zweiten Weltkrieg in Bukarest ein »großes Haus« geführt hatte (wobei sie diese beiden Wörter mit rollendem »r« und rumänischem Akzent aussprach), konnten einem Vergleich mit jenen von Susis Mutter standhalten.

Gern beobachtete ich sie, wenn sie mit Sorgfalt und Liebe die Speisen kochte und auftrug. Hier lernte ich, dass es einen Unterschied macht, ob man dieses oder jenes Brot einkauft und eine bestimmte Sorte Kartoffeln, Öl oder Butter verwendet.

Susis Mutter war die Tochter von Großgrundbesitzern in diesem Gebirgstal, ihr gehörten Wald, ein Bauernhof, ein großer Gemüsegarten, Obstbäume und noch mehr. So hatte sie Zugang zu wunderbaren Bio-Lebensmitteln, von denen ich als Kind nicht die geringste Ahnung hatte.

In der Vorweihnachtszeit hatte sie eine Zugehfrau, die ihr beim Keksebacken half. Tage- und nächtelang wurden Unmengen feinster Kekse hergestellt, die über die Winterferien in H. auf den Tisch kamen – nach dem Mittag- und Abendessen, beim gemütlichen Plaudern oder Kartenspielen und auch als Proviant beim Skifahren. Für mich war das ein Traum! Diese Vielfalt an Köstlichkeiten, wo ich doch nur zwei Arten von Weihnachtsgebäck gekannt hatte: Hauskekse und Lebkuchen, unverziert.

Da schnitt meine Mutter also vergleichsweise schlecht ab. Aber sie war berufstätig, hatte nicht so viel Zeit, und ich glaube, auch nicht so viel Lust zu kochen und zu backen. Ihre Liebe galt den Sprachen. Mit Hingabe lernte sie für die Abende in der Volkshochschule, wohin sie zweimal pro Woche eilte. Dort brillierte sie mit ihren Kenntnissen, nicht zu Hause mit herrlichen Speisen oder Gebäck.

Die Rezepte für die köstlichen Weihnachtskekse von Susis Mutter würden wohl den Rahmen meines Buchs sprengen, sie sind in jedem guten Mehlspeisenkochbuch zu finden. Hier nur eine kleine Liste jener Kekse, die sie gebacken und uns kredenzt hat: Vanillekipferl, Klosterkipferl, Linzer Stangerl, Kokosbusserl, Nussbusserl, Biskuitstangerl, Ischler Krapferl, Bischofsbrot, Zwieback, gefüllte und ungefüllte Lebkuchen, Mandelbögen etc.

Die Hauskekse meiner Mutter

500 g Mehl
250 g Zucker
120 g Margarine oder Butter
3 Eier
2 Päckchen Vanillezucker
1 Päckchen Backpulver

Aus allen Zutaten macht man einen »schnellen« Teig, walkt ihn aus und sticht Formen nach Belieben aus. Die Kekse licht ausbacken bei 170 °C. Die Kekse sind sehr schnell fertig gebacken, daher gut beobachten.

Der Lebkuchen meiner Mutter (einfach)

300 g Roggenmehl
180 g feiner Kristallzucker
100 g Honig
2 Eier
1 TL Natron
2 EL Lebkuchengewürz
1 Ei zum Bestreichen
Walnusskerne

Alle Zutaten gut vermischen und den Teig über Nacht ruhen lassen. Am nächsten Tag ausrollen und mit gewünschten Formen (Sterne, Herzen, Blumen etc.) ausstechen. Die Lebkuchen mit verquirltem Ei bestreichen, damit sie nach dem Backen schön glänzen. Man kann auch noch halbe Walnusskerne darauflegen.

Die Lebkuchen bei 180 °C auf einem Backtrennpapier (meine Mutter fettete das Backblech) etwa 10 Minuten backen.

Dieser Lebkuchen braucht lange, bis er weich wird. Er hält dafür auch lange (falls er nicht schon vorher gegessen wird).

* Hier noch eine kleine Anekdote zu meinem besonderen Geburtsort: Mein Bruder fuhr vor vielen Jahren von einem Botanik-Kongress in den Niederlanden mit dem Zug nach Wien zurück. In seinem Abteil kam er mit einem holländischen Musikwissenschaftler ins Gespräch. Mein Bruder fragte ihn, woran er gerade arbeite. Dieser erklärte ihm, er verfasse ein Buch, in dem er Wirkungsstätten berühmter Komponisten in Europa dokumentiere. Daraufhin erzählte mein Bruder, dass er in jenem Haus geboren worden und aufgewachsen war, in dem Franz Schubert das »Forellenquintett« komponiert hatte. Darauf antwortete der Musikwissenschaftler spontan: »Steyr, Stadtplatz 16«.

** Ich erinnere mich noch sehr gut an die erste Unterrichtsstunde in Musik. Der junge Musikprofessor wollte zuallererst uns junge Schülerinnen testen, wie weit es mit unseren Kenntnissen stehe. So fragte er uns, welche Komponisten wir kannten. Sofort ratterte es in meinem Kopf. Auf keinen Fall wollte ich einen »Allerweltskomponisten« nennen. So wartete ich, bis alle gängigen Komponisten aufgezählt worden waren. Dann spielte ich meinen Joker aus. Ich nannte den ziemlich unbekannten Paul Peuerl, von dem ich im Geigenunterricht ein kleines Stück gespielt hatte. Da riss der Musiklehrer die Augen auf und wollte wissen, woher ich ihn kenne. Ich sagte gelangweilt, dass ich gerade ein Stück von ihm spielte, vermutlich war es eine »Intrada«.

»Spielst du Geige?«, fragte der Lehrer ungläubig. »Ja, natürlich spiele ich Geige«, sagte ich bestimmt. Sofort requirierte er mich für das Freifach »Orchesterübungen«. Er hatte erkannt, dass ich schon über ein gewisses Niveau verfügen müsse.

Dieses Freifach machte mir großen Spaß, saß ich doch als ganz Kleine zwischen den älteren Schülern, die beim Geigespielen viel größere Schwierigkeiten hatten als ich.

Paul Peuerl war ein deutsch-österreichischer Komponist, geboren um 1570. Er wirkte auch als Organist und Orgelbauer in Horn, Enns, im Stift Wilhering – und in Steyr.

9 Erste Gehversuche in der Studentenküche

In den 1960er-Jahren musste man mit 16 schon unbedingt einen Freund haben. Ansonsten wäre man als unhübsch oder dümmlich abgestempelt geworden. H. war ein Jahr älter als ich, sonst hätte er ja nicht mein Tanzpartner sein können. Das Gleiche galt bei den Jungs, nur umgekehrt.

Im Sommer, wenn ich nicht gerade bei meiner Freundin Susi in H. war, hielt ich mich gern im Steyrer Stadtbad auf. Schwimmen und Tauchen waren meine Leidenschaften.

Da im Herbst der Tanzkurs begann, sicherten sich die Jungs schon im Sommer ihre Tanzpartnerinnen, und das Stadtbad war für diese Recherche der beste Ort. Schnell wurden die körperlichen Vorzüge der künftigen Tanzpartnerinnen erfasst, war man doch nur mit Bikini oder Badeanzug bekleidet. Ob man auch Grips hatte, wurde im persönlichen Gespräch und bei Geplänkel rasch ermittelt.

So war es auch bei mir gewesen. H. war der Schnellste, er besaß Geld, lud mich auf Eis und Cola ein. Er verfügte über einen gewissen Witz und eine weltmännische Art (oder was ich damals darunter verstand), was mich für ihn einnahm. Dieses Weltmännische hatte er sich vermutlich frühzeitig von seinem Vater abgeschaut.

Bald aber fiel mir auf, dass H. dem Geld sehr viel Bedeutung zumaß. Ja, er musste gewusst haben, dass man mit Geld eine bessere gesellschaftliche Position erreichen und auch eine schönere Freundin an Land ziehen konnte, als wäre man ein armer Schlucker. Das gefiel mir weniger. Ich war es gewohnt, mit wenig Geld auszukommen, ich war hübsch und hatte ohnehin die Bewunderer auf meiner Seite. Vielleicht diente ich ihm nur dazu, sein Image in der Gesellschaft aufzuwerten. (Vorerst nur in der Rangliste seiner Klassenkameraden.)

Hs. Vater, der als Versicherungsagent arbeitete, war beruflich und privat gern gesehener Gast in einem berühmten Fischrestaurant an der Donau. Dorthin vermittelte er seinen Sohn schon in der Gymnasialzeit als Kellner, der jedes Wochenende Schwerstarbeit leisten musste. Freiwillig oder vom Vater gezwungen, das weiß ich nicht mehr. H. erzählte mir oft von den wunderbaren Gerichten, die er in diesem Lokal servierte. Aufmerksam hörte ich zu und bat ihn, mir manches Rezept mitzubringen. Aus dieser Zeit stammen meine Rezepte der »Weinbergschnecken« und der »Serbischen Fischsuppe«.

Da ich schon 18 Jahre alt war, drängte mich H., zwischen schriftlicher und mündlicher Matura den Führerschein zu machen. Eine Fahrschule in unserer Stadt hat damals den Maturanten einen gewaltigen Preisnachlass gewährt. Ja, ich machte ihn tatsächlich, und es war ein Kraftakt: Führerschein und Matura!

Heute fahren Maturanten nach bestandener Prüfung auf Maturareise, ich fuhr am nächsten Tag nach Mondsee und arbeitete in einem Hotel als Zimmermädchen. Diesen Job hatte mir ebenfalls H. verschafft.

Es war schrecklich! Von 6 Uhr morgens bis oft Mitternacht musste ich arbeiten. Waren die Zimmer gemacht, ging es in die Küche und ins Service. Acht Wochen lang, ohne freien Tag! Nachmittags war Bügeln auf dem Dachboden angesagt. Dort hatte es Saunatemperaturen. Schließlich schmiss ich alles hin. Ich hätte noch zwei Wochen arbeiten sollen, war aber körperlich am Ende.

Während dieser Zeit hatte ich zumindest so viel Lohn und Trinkgeld bekommen, dass ich mir zu Studienbeginn einen kleinen Fiat 600, gebraucht, kaufen konnte.

In Linz, einer Industrie- und Hochschulstadt, belegte ich das Fach Rechtswissenschaften. H. studierte Betriebswirtschaft. Diese Hochschule, heute Kepler Universität, wurde 1966 gegründet und war bei unserem Studienbeginn noch im Aufbau.

Es gab zwei Studentenheime. Ich bekam einen Platz in einem Doppelzimmer im »Mengerstraßen-Heim«, H. zog ins »Altenberger-Heim«. Er teilte im Studentenheim das Zimmer mit einem Kollegen aus dem Innviertel. Eines Tages schleppte dieser zwei gewilderte Fasane an.

Mein erstes Auto, ein gebrauchter Fiat 600.

Noch nie in meinem Leben hatte ich Geflügel gerupft oder zugesehen, wie man dies macht. Zu dritt und heimlich versuchten wir die Viecher zu rupfen. Wir brauchten Stunden! (Heute weiß ich, dass das Rupfen leichter gelingt, wenn man das Gefieder, bedeckt mit einem nassen Tuch, bügelt.)

Auch das Ausnehmen der Tiere war nicht so einfach. Aber letztendlich schafften wir alles. Dann mussten die Vögel gewürzt werden. Ich kaufte beim nahen »Winkler«-Markt Pfeffer, Piment, Wacholder und Lorbeer ein. Alles, von dem ich mir vorstellen konnte, dass es den etwas strengen Wildgeruch überdecken könnte. Ins Innere der Vögel steckte ich noch einen Apfel.

In der Studentenküche von H. gab es zum Glück ein Backrohr und ein Backblech. Darauf legten wir unsere Fasane und brieten sie. Blaukraut und Kartoffelknödel mussten sein. Auch das schaffte ich.

Die Fasane schmeckten wirklich gut, wir waren satt, wie schon lange nicht mehr. Als es ans Abwaschen und Saubermachen ging, waren die beiden Burschen verschwunden. Ich brauchte Stunden, bis ich die Federn und Krusten im Backrohr beseitigt und das Geschirr abgewaschen hatte.

Im Hauptgebäude der Hochschule gab es eine Mensa. Dort war das Essen mäßig, und so zog ich es vor, in der kleinen Studentenheimküche zu kochen. H. kam manchmal und aß mit.

Ins Kochen legte ich damals schon viel Liebe und Sorgfalt, verwendete nur gute Zutaten und Gewürze. Mir schmeckte es vorzüglich, was ich gekocht hatte. H., ganz in der nörgelnden Art seines Vaters, mundete es nicht immer. Einmal meinte er sogar: »Das Lorbeerblatt schmeckt vor.« Das war für mich das Zeichen, nach fünf Jahren die Beziehung zu beenden, führte es mir doch vor Augen, welches Schicksal mir bevorstünde, würde ich bei H. bleiben. Mein späterer Mann Franz war ganz anders!* Er aß alles, was ich kochte, mit Begeisterung.

Auf dem Gelände der Hochschule wurde viel gebaut. Riesige Abraumflächen waren von den Bauarbeiten übrig geblieben, Unkraut wucherte überall. Hier gab es Unmengen von Weinbergschnecken. Damals waren sie noch nicht geschützt und ich sammelte einmal relativ viele davon, um sie zu verkochen. Das Rezept hatte ich von H.

Ich musste die Schnecken gut waschen, bevor ich sie weiterverarbeiten konnte. Ich kippte sie in die Gemeinschaftsdusche im Stockwerk des Heims und wusch sie mit warmem Wasser. Da läutete mein Telefon und ich lief in mein Zimmer. Das Gespräch dauerte nicht lange, aber plötzlich – ein schrecklicher Schrei, der sich zu einem hysterischen Gekreische verdichtete.

Elisabeth E., eine ältere Studentin, hatte die Dusche betreten. Die Schnecken hatten sich auf den Weg gemacht und krochen in Gruppen die Fliesenwände hinauf. E. konnte sich das Schauspiel nicht erklären und wähnte sich dem Wahnsinn nahe. Ich brachte sie behutsam wieder auf den Boden der Realität zurück, erklärte ihr alles. Von da an war ich ihr unheimlich.

Wenig später zog ich vom Studentenheim in die Dienstwohnung meines neuen Partners Franz, der am Institut für Soziale Betriebsführung einen Assistentenjob bekommen hatte.

Er schätzte meine Kochkünste sehr, war er doch schon zwölf Jahre ohne Mutter und musste sich selbst versorgen. In seiner Küche wurden auch die Schnecken gekocht und unseren Gästen serviert. Sie behaupteten, noch nie etwas so Köstliches gegessen zu haben.

Oft noch ging ich meiner Schneckensammelleidenschaft in den Abraumhalden der Hochschule Linz nach und rottete wahrscheinlich sämtliche Weinbergschnecken aus. Seither sind sie geschützt. Heute noch erzählen mir Gäste und Freunde von damals, wie wunderbar die Schnecken waren, die sie bei uns gegessen haben. An jedes einzelne Mal kann ich mich nicht mehr erinnern, so oft habe ich Schnecken serviert.

---

* Ich lernte Franz an einem kalten Winterabend im Keller meines Studentenheims kennen. Dort fand jeden Donnerstag oder Freitag eine Disco statt. Weil Fasching war und mein Freund nicht mit mir ausgehen wollte (oder musste er wieder arbeiten), begab ich mich in der Hoffnung auf Zerstreuung dorthin. Es dauerte nicht lange, da kamen zwei Kerle daher, beide schlank, der eine groß, der andere kleiner. Sie waren bester Stimmung, denn der Kleinere, Franz, hatte gerade sein Studium beendet.

Ach, hätte ich doch auch schon mein Studium hinter mir, dachte ich. Die beiden begannen mich aufzuziehen. Ich bemerkte, dass der große, fesche Student einen seltsamen anderen Klang in seiner Stimme hatte. Er musste von einem fremden Land kommen. So fragte ich, woher er sei. Da logen beide herum, er komme aus Weißrussland, dann nannten sie noch andere Länder, die mir nichts sagten. Ich gab auf, weiterzufragen. Sollte er doch herkommen, woher er wollte, sie waren so lustig und vergnügt. Ich genoss ihre Gesellschaft sehr.

Ein Jahr später haben Franz und ich geheiratet. Jarmo stammte übrigens aus Finnland, und er sprach so gut Deutsch, dass man nicht darauf gekommen wäre.

Wir blieben immer in Kontakt, manchmal mehr, manchmal weniger. Jarmo und seine Frau Johanna, die ich einmal im Studentenheim gesehen habe, sind mir sehr ans Herz gewachsen. Hin und wieder haben wir einander schon besucht, und wir schreiben uns regelmäßig. Sie sind meine lieben Freunde im hohen Norden. Im Sommer 2022 habe ich sie in ihrem wunderbaren Sommerdomizil im Saimaagebiet (im Südosten Finnlands, nahe der russischen Grenze) besucht. Es war einer meiner schönsten Urlaube (siehe auch Kapitel 12).

Nun möchte ich noch schildern, wie ich damals die Schnecken zubereitet habe. Es ist etwas aufwendig und vermutlich nicht jedermanns Sache.

Heute wird man kaum mehr »wilde« Schnecken bekommen, sie sind geschützte Tiere. Vielleicht bekommt man sie noch lebend auf einer Schneckenfarm. Schnecken aus der Konserve habe ich einmal probiert, sie schmeckten scheußlich!

Schnecken à la Wilma

Du brauchst pro Person mindestens zwölf Stück Weinbergschnecken (damit man satt wird). Erhitze einen großen Topf mit Wasser, lass es aufkochen und wirf portionsweise schnell die Schnecken hinein. Sie sind sofort tot (das Wasser muss unbedingt kochen).

Dann ziehe die Schnecken aus ihrem Haus und schneide den Darm ab. Nun nimm Salzwasser und koche die Schnecken etwa zehn Minuten darin. Danach lasse sie etwas auskühlen, nimm ein kleines Messer und schabe den gelben Schleim ab. Das ist »Fitzelarbeit«!

Spüle dann die Schnecken ab und gib sie in einen Sud aus Grünem Veltliner, klein geschnittenem Suppengrün, Lorbeerblättern, Wacholder- und Pfefferkörnern, Salz, etwas Essig und wenig Zucker. Koche sie langsam etwa eine halbe Stunde. Erkalten lassen.

Die leeren Schneckenhäuser werden gut gewaschen, in Soda ausgekocht und nochmals gut gespült. Im warmen Rohr trocknen lassen.

Sobald die Schnecken und die Schneckenhäuser kalt sind, füllt man die gekochten Schnecken wieder hinein und verschließt mit Kräuterbutter. Die gefüllten Häuser werden nun im Rohr überbacken.

***Mein Tipp**: Hilfreich sind sogenannte Schneckenteller oder -pfannen, dabei läuft die Butter nicht aus. Besitzt man keine, kann man aus Alufolie Teller zaubern und die Schneckenhäuser eng aneinanderstellen.*

Zu den Schnecken wird unbedingt frisches Weißbrot serviert. Und Weißwein!

Serbische Fischsuppe

Süßwasserfische wie Hecht, Karpfen, Zander etc. (am besten Filets)

60 g Speck

1 Zwiebel

1 rote Paprika

1 Stange Porree

1 kleine Dose weiße Bohnen

Paprikapulver

Butter

1 Zitrone

Salz, Pfeffer, Suppenpulver

Sauerrahm

Petersilie

Klein gewürfelten Speck in Butter anbraten, klein geschnittenes Gemüse dazugeben und mitbraten. Dann die Bohnen, Paprikapulver, Salz, Pfeffer, Suppenpulver und Zitronensaft hinzufügen und mit Wasser aufgießen (je nach Menge der Fischportionen ein bis zwei Liter). Die möglichst grätenfreien Fischstücke einlegen und ziehen bzw. leicht köcheln lassen, bis sie gar sind. Nochmals abschmecken und eventuell einen EL Essig oder Balsamico dazu. Mit Sauerrahm und Petersilie servieren.

***Mein Tipp**: Die Bohnen und das Gemüse machen die Suppe sämig. Sollte sie aber zu flüssig sein, dann abschließend einen Esslöffel glattes Mehl mit etwas kalter Suppe oder Wasser verrühren und der noch kochenden Fischsuppe beigeben. Gut verrühren, sonst entstehen Klumpen.*

10 Meine Schülerin Hermine und die Rezepte aus einer deutschen Modezeitschrift

Nach unserer Hochzeit kehrten mein Mann – er war einige Jahre Assistent an der Hochschule Linz – und ich in seine kleine Heimatstadt Waidhofen an der Ybbs zurück. Er wurde Lehrer an der Handelsakademie. Auch ich beschloss, Lehrerin zu werden, da mich das Jusstudium schon länger kaum mehr interessiert hatte. Der Lehrberuf ließ mir mehr Raum für Kreativität und Musik.

Zwei Jahre Pädagogische Akademie in Linz, und schon war ich fertige Volksschullehrerin. In unserer Stadt gab es für mich damals keine passende Stelle, aber, als einzige Alternative, einen Posten an einer speziellen Sonderschule, angeschlossen an ein Landesjugendheim. Ein Jahr später begann ich die Ausbildung zur Sonderschulpädagogin und war zwei Jahre später geprüfte Sonderschullehrerin.

Man kann sich vorstellen, dass es nicht leicht war, diese Schüler zu unterrichten. Getrennt von ihren Eltern und Bezugspersonen, hineingestellt in eine Umgebung, wo strikte Ordnung und Disziplin herrschten. Viele Kinder waren merklich unglücklich und opponierten überall dort, wo es nur irgendwie möglich war – in der Schule, im Unterricht, gegen die Lehrer und gegen die Institution im Allgemeinen.

Es war der Beginn eines neuen Schuljahres, ein wunderbarer Herbsttag. In der Anfangskonferenz erklärte der Direktor, dass gleich am nächsten Tag der sogenannte Halbtagswandertag stattfinden solle. Er hatte Angst, dass Schlechtwetter diesen zu einem späteren Zeitpunkt verhindern könnte. Außerdem würden einander die Schüler in lockerer Atmosphäre besser kennenlernen.

Faschingsfest in der Schule, ich gab ein Cowgirl mit Gitarre.

Neue Schüler gab es jederzeit, am Anfang des Schuljahres, zu Semesterbeginn, aber auch während des Jahres. Kam man morgens ins Klassenzimmer, saßen oft zwei oder mehr neue Schüler da. Gericht, Sozialamt, Schulbehörde – damals ging es schnell, dass man die Kinder in das Heim steckte.

Also, Wandertag! Uns Lehrkräften wurde jeweils eine diensthabende Erzieherin oder ein Erzieher an die Seite gestellt. Diese hatten damit nicht viel Freude, herrschte doch zwischen ihnen und uns Lehrern eine gewisse Animosität.

Einige der Schüler kannte ich schon, die meisten jedoch nicht. So wanderten wir in ein kleines Seitental nahe der Schule hinein. Nach einem Stück Weg lagen plötzlich Äpfel auf der Straße. Da bemerkte ich, dass ein Mädchen zurückgeblieben war und uns damit bewarf. Es musste eine ordentliche Kraft gehabt haben, denn die Distanz zwischen uns war erheblich.

Ich fragte die Erzieherin, wer das Mädchen sei. »Ach, das ist die Hermi, die kommt sicher nicht mit. Die dreht um und geht wieder ins Heim zurück. Mit der werden Sie es nicht leicht haben!« Nun, daran erkannte ich schon die starke Persönlichkeit des Kindes. Allein nach Hause gehen? Ich sah mich schon vor den Direktor zitiert, der mich der Verantwortungslosigkeit und Gefährdung von Schülern bezichtigen würde. So blieb auch ich zurück und begann ein harmloses Gespräch mit Hermi.

Mittlerweile hatte sie aufgehört, Äpfel zu werfen. Dieses Mädchen war noch nicht lange im Heim, vermutlich war sie in den Ferien »eingeliefert« worden. Woher sie komme, fragte ich sie, was sie gern mache, ob sie schon Freunde hätte, welcher Gruppe sie zugeteilt sei und was sie gern werden wolle. Diese letzte Frage hat alles entschieden!

Hermi kam aus dem unteren Waldviertel. Sie hatte zu Hause schon viel arbeiten müssen, man sah es an ihren kräftigen, schwieligen Händen. Und – sie wolle Pfarrersköchin in St. Oswald werden, sagte sie. Das war das Stichwort: Pfarrersköchin.

Als Lehrerin an der Landessonderschule, 2002.

Vielleicht war sie ja in den Priester dieser Pfarrei verliebt, dachte ich. Ich wusste, wo die Liebe im Spiel ist, wird das härteste Herz weich. Ganz nebenbei fragte ich Hermi, ob sie schon kochen könne. Sie verneinte. Ja, wenn man Köchin werden möchte, und besonders Pfarrersköchin – die geistlichen Herren legen auf gutes Essen sehr viel Wert –, müsse man so bald wie möglich kochen lernen, betonte ich. Hermi wurde mit einem Mal sehr aufmerksam und hörte mir zu.

Da kam mir eine Idee: Jahrelang hatte ich von meiner Tante Rosi ihre abonnierten Modehefte »Brigitte« bekommen, nachdem sie diese gelesen hatte. Als junge, modisch interessierte Frau kaufte ich mir dieses Magazin später auch noch regelmäßig. In der Mitte gab es immer zwei Seiten, nur halb so groß wie das restliche Blatt, festeres, abwaschbares Papier. Darauf waren vier Speisen wunderbar fotografiert, und auf der Rückseite standen die Rezepte dazu.

Es waren deutsche Rezepte wie Eisbein, Sauerbraten, Toast Hawaii etc. Nachdem ich damals einige nachgekocht hatte, beschränkte ich mich darauf, die Rezepte herauszutrennen und in einer Schachtel aufzubewahren. Man konnte nie wissen, wozu man sie noch brauchen würde.

Und so war es auch. Endlich hatten diese Rezepte ihre wahre Bestimmung gefunden: Ich machte Hermi den Vorschlag, dass sie sich zur Belohnung für jeden Tag, an dem sie in der Schule »brav« mitmachte, vier dieser Rezepte aussuchen dürfe.

Am nächsten Tag nahm ich meine prall gefüllte Rezeptschachtel mit. Hermi sah sich alle Karten mit großem Erstaunen und Entzücken an. So viele verschiedene Speisen! Und weil sie bereits an diesem Tag ordentlich und fleißig mitgemacht hatte, durfte sie sich schon zwei Karten aussuchen. So blieb es alle Tage!

Hermi wurde mir eine der liebsten Schülerinnen, und als sie aus unserer Schule austrat, schenkte ich ihr alle restlichen Karten meiner Schachtel.

Nach Jahren erfuhr ich, dass aus Hermi zwar keine Pfarrersköchin, aber eine sehr tüchtige Bäuerin geworden war.

Weil Hermi unbedingt Pfarrersköchin werden wollte, gab ich ihr damals auch ein feines Tortenrezept einer echten Pfarrersköchin mit. Dieses ist in dem Buch »Pfarrersköchinnen« von Roland Girtler nachzulesen. Ich habe diese Torte natürlich auch selbst nachgebacken, sie ist wirklich einmalig! Sie stammte von Pfarrersköchin »Frau Maria aus Adlwang«, und diese bezeichnete sie als die Krönung jedes Mahls.

11 Brot

Zu meinem 60. Geburtstag schenkte mir Adrian, das älteste der vier Kinder meines Lebensgefährten Peter, ein Buch von Hermann Hesse über das Altern. Darin befand sich auch eine CD – Hesse spricht selbst über das Älterwerden.

Es ist eine bemerkenswerte CD, wann kann man schon die Stimme eines Schriftstellers hören, der 1877 geboren und 1962 gestorben ist? (In meiner Jugend war ich eine begeisterte Hesse-Leserin.) Hesse spricht mit überkorrekter Artikulation und großem Pathos. Da beschreibt er sein Schweizer Domizil und seinen Garten im Herbst, die Ernte seines Obstes und die Arbeiten im Garten – alles Symbole für das vergängliche Leben. Er philosophiert über alte Wörter der deutschen Sprache und ihre Bedeutung für den Menschen. Da waren der Tisch, das Buch, das Haus – und auch das Brot.

Brot, dieses Wort lässt er genussvoll über seine Zunge rollen, und wirklich wird einem dessen Bedeutung, oder wofür es steht, richtig bewusst. Schon riecht man förmlich den Duft, schmeckt das frische Brot, und allerlei Erinnerungen tauchen auf: Brot, frisch gebacken, altbacken, trocken, Knödelbrot, Schwarzbrot, Hausbrot, Weißbrot, Vollkornbrot, Zuckerbrot ... unendlich könnte man so fortfahren. Ja, das Buch samt CD – ich hatte mich sehr darüber gefreut.

In meiner Kindheit gab es zum Glück immer Brot in unserer Küchenkredenz. Stets war es dieselbe Sorte: Hausbrot. Selten gab es Weißbrot. Gebäck, wie wir es heute in riesiger Auswahl vorfinden, kannten wir nicht. Nur zu Weihnachten, wenn es am Weihnachtsabend Frankfurter (Würstel) oder Bratwürstel gab, haben die Eltern frische Semmeln gekauft. Das war etwas Besonderes.

In der Volksschule bekamen wir in der Pause, wie bereits geschildert, eine Semmel und einen Becher heiße Milch. Diese Semmel schmeckte mir nicht, und wenn mir meine Freundin Susi ihr verschmähtes Schinkenwurstbrot überließ, nahm ich die Semmel mit nach Hause. Mein Vater aß sie am Abend, da war sie meistens schon hart.

Unser Hausbrotwecken war billig, er bestand zu gleichen Teilen aus Weizen- und Roggenmehl. Wir waren zufrieden, wir kannten nichts anderes, Hauptsache, wir wurden satt.

Selten kam am Sonntagmorgen ein Erdapfelbrot auf den Tisch. Es war rund, mit Zuckerguss überzogen und hatte in der Mitte eine Rille. Mir schmeckte es sehr. Mutter schnitt nicht zu dicke Scheiben davon ab, und jeder bekam eine. Wir bestrichen dieses Brot mit Margarine und Marmelade. Manchmal gab es auch Honig. Dazu tranken wir Gerstenkaffee, hin und wieder auch schon eine Mischung aus Feigen-, Gersten- und Bohnenkaffee.

Die gerösteten Gerstenkörner der Marke Kathreiner und die Kaffeebohnen mahlte mein Vater stets frisch in einer handbetriebenen Kaffeemühle. Ein Esslöffel des Feigenkaffees der Marke Titze Gold wurde aus der Papierpackung direkt in das Kaffeewasser gegeben. Dieses kleine bisschen Feigenkaffee verlieh dem Kaffee eine schöne braune Farbe und einen etwas stärkeren Geschmack. Die gemahlene Bohnenkaffeemischung dazu, und dann musste dieser Kaffee nur einmal aufkochen. In der Folge wurde der Gasherd abgeschaltet, und nach kurzer Zeit sank das Kaffeemehl zu Boden. Nun war der Kaffee fertig! Man trank ihn mit Milch und Zucker.

In jeder Packung Kaffee, war es der Gersten- oder Feigenkaffee – ich erinnere mich nicht mehr genau – kam eine kleine Figur aus hartem, weißem Plastik, nicht größer als vier Zentimeter, zum Vorschein, ein Pferdchen, Cowboy, Indianer usw. Das freute uns Kinder. Wir haben die Figuren gesammelt, man konnte schön damit spielen.

Im Lauf der Zeit gab es immer vielfältigere Brot- und Gebäcksorten zu kaufen. Gern denke ich an die handgemachten Semmeln der Bäckerei Breitensteiner am Grünmarkt zurück, die mir einmal meine Cousine Waltraut spendierte. Sie schmeckten so ganz anders, so viel köstlicher als die preiswerten Semmeln der Brotfabrik Reder. Bald tauchten auch Mohnweckerl, schwarze Weckerl, Kümmelweckerl, Vinschgerl, Wachauer Laibchen, Salzstangerl und vieles mehr in den Bäckereien auf.

Noch musste zu Hause gespart werden. Ich fragte mich lange, warum. So wurde für extra Gebäck kein Geld ausgegeben. Für ein Mohnweckerl zahlte man damals etwa zwanzig Groschen, eine Semmel war noch günstiger. Erst hinterher erkannte ich, dass die Ausbildung von uns Kindern eine Menge Geld gekostet hatte: Musikschule, Bücher, Eislauf- und Skikurse, Theaterabonnements, Saisonkarten für das Freibad, Zeichenkurs, die neue Geige, die Geigensaiten, die Bogenbespannung, der Klavierstimmer, Klavier- und Geigennoten …

Taschengeld gab es keines. Mein Bruder, lange der einzige männliche Enkel meines Großvaters mütterlicherseits, bekam von ihm manchmal einen Silber-25er (Schilling). Das war viel Geld! Großvater hatte es nach dem Krieg wieder zu einem gewissen Wohlstand gebracht. In seinen Augen galt aber nur der Bub etwas, die Enkelin, vielleicht auch noch zu klein, bekam nichts.

Trotzdem verfügte ich mit zehn Jahren bei meinem Eintritt ins Gymnasium schon über ein kleines »Einkommen«, dank meiner Geschicklichkeit. Meine Mutter und die Tante Rosi – sie war nicht wirklich unsere Tante, aber wir nannten sie so – waren berufstätig. Beide waren sie Verkäuferinnen, standen tagtäglich in der Öffentlichkeit und mussten ihrer Meinung nach entsprechend schön und herausgeputzt sein. Meine Mutter arbeitete am Stadtplatz Nr. 16, Tante Rosi am Stadtplatz Nr. 31 in einem exquisiten Ledergeschäft, und ich hatte geschickte Hände. Das machten sich die beiden Damen zunutze.

Jeden Morgen, ob Schule oder Ferien, Punkt 7 Uhr, erschien Tante Rosi bei uns. Sie hatte feines, dunkelblondes Haar. Nun wurde ich tätig: Mit Toupierkamm und viel Haarspray zauberte ich jeden Morgen eine hübsche Frisur auf ihr Haupt. Danach kam meine Mutter an die Reihe. Sie hatte kräftiges, gefärbtes und widerspenstiges Haar. Auch sie bekam eine auftoupierte Frisur, und mit viel Fingerfertigkeit kaschierte ich oft ihren weißen Haarnachwuchs. Dafür bekam ich jeweils fünfzig Groschen.

Das war für beide nicht viel Geld, ich jedoch konnte mir in der Schulpause beim Jausenverkauf ein Schwarzes Weckerl kaufen (Gebäckstück aus Weizen- und Roggenmehl, gewürzt mit viel Kümmel und Salz). Für mich eine Köstlichkeit! Es kostete zuletzt siebzig Groschen. Nie habe ich mir in den acht Jahren Gymnasium etwas anderes geleistet, obwohl es auch schon süße Tortenstücke, Zimtschnecken, Nusskipferl und vieles mehr beim Schulwart zu kaufen gab.

Mein Vater war ein ruhiger und meistens besonnener Mann, der schwer seine Emotionen zeigen konnte. Nur manchmal, wenn Mutter keine Ruhe gab, konnte er in Rage geraten. Er lobte nicht viel, aber auch Tadel war ihm fremd. Trotzdem wusste ich, dass er uns, seine Kinder, liebte, und dass er stolz auf uns war.

Lange Zeit dachte ich, es wäre ihm egal, im Gegensatz zu unserer Mutter, ob ich gute oder schlechte Noten nach Hause bringe. Dem war nicht so, denn eine kleine Anerkennung von ihm wurde mir meist zu Schulschluss im Juli zuteil. (Er hatte wohl bemerkt, dass ich mich in der Schule das ganze Jahr über angestrengt haben musste.) Wenn ich ihm mein Zeugnis zeigte, das mich berechtigte, in die nächste Schulstufe aufzusteigen, lud er mich auf eine Portion warmen Leberkäse in die Fleischhauerei Schodl am Stadtplatz ein.

Der Leberkäse war warm, lag in kleine Würfel geschnitten auf einem Papier, und einige Zahnstocher galten als Besteck. Eine knusprige Semmel wurde dazu gegessen. Es war wunderschön, mit meinem Vater dort auf den kleinen Hockern zu sitzen und zu schmausen.

Gott sei Dank musste ich nie die Schulstufe wiederholen, obwohl so etwas ganz schnell passieren konnte. Es gab keinen Terminplan für Schularbeiten oder Prüfungen. Hatte man einmal eine Prüfung verhaut, konnte man nicht mehr damit rechnen, dass man sich in jenem Trimester, später Semester, mit einer neuerlichen Prüfung die Note verbesserte. Eine Prüfung – ein Nicht genügend – und schon stand der Fünfer im Zeugnis.

Prüfungen und Schularbeiten waren schwierig und ohne Unterstützung (Nachhilfe) oft nicht zu schaffen. Die Nachprüfungen im Herbst bestanden meist nur wenige Schüler. Waren zwei Nicht genügend im Zeugnis, musste die Schulstufe wiederholt werden.

Mein Vater sagte einmal mit erhobenem Zeigefinger: »Wiederholen kommt nicht infrage! Dann musst du zum Bachinger Gulaschtöpfe auswaschen gehen!« (Damals Gasthof »Zu den 3 Alliierten«, Stadtplatz Nr. 38, gehört heute zum Hotel Mader. Der Name bezog sich auf die 1815 geschlossene »Heilige Allianz« zwischen Österreich, Russland und Preußen nach dem Sieg über Napoleon bei Leipzig.) Ich glaube, mein Vater hatte diese Drohung nicht wirklich ernst gemeint, brachte mich jedoch zum Nachdenken.

Manche Benotungen in der Schule muteten willkürlich an, und man konnte sich nirgends beschweren, man musste alles akzeptieren. Einige Professoren fühlten sich unkontrolliert und konnten tun und lassen, was sie wollten. Sagten wir dem Mathematikprofessor, dass wir uns nicht auskannten, zuckte er nur mit den Schultern. Ein Lateinprofessor, alt und krank, muss bei der Schlusskonferenz gesagt haben: »Wenn ich noch einmal Weiber bekomme, lasse ich sie alle fliegen!« Man stelle sich vor, wie dieser Satz im breitesten oberösterreichischen Dialekt geklungen haben muss. (»Waun i nu amoi Weiwa kriag, los i si olle fliagn!«)

Im darauffolgenden Herbst bekamen wir in der 6. Klasse genau diesen Professor in Latein. Unser viel geliebter Professor, den wir in der 3., 4. und 5. Klasse in Latein gehabt hatten, war aus dem Schuldienst ausgeschieden und Nationalratsabgeordneter geworden.

Wahrscheinlich schwang bei seinem Kollegen Neid und Rache mit, denn seine Schularbeiten waren so schwierig, dass nur ein kleiner Prozentsatz meiner Klassenkameradinnen sie meisterte. Wir büffelten, was das Zeug hielt, doch jede Schularbeit war noch schwerer zu bewältigen. Verzweifelt klagten wir der Geschichtelehrerin unser Leid. Zum Erstaunen aller sagte sie: »Beruhigt euch! Er hat eh schon eine weiße Nasenspitze.« Bald darauf war er tot. Wir sangen an seinem Grab mit ehrlicher Inbrunst.

1970 – Matura bestanden! (Ich bin rechts zu sehen.)

Nach dem Abschluss meiner Gymnasialzeit übersiedelte ich zum Studium nach Linz. Bald lernte ich dort auch meinen Mann kennen, der schon berufstätig war. Eines Tages, Anfang der 1970er-Jahre, verbreitete sich unter den Studenten die Kunde von einer sagenhaften kulinarischen Sensation: In der Innenstadt hatte ein Italiener in einem alten Gasthaus, ich glaube, es hieß »Zum Goldenen Elefanten«, eine Pizzeria eröffnet, die Pizzeria »Da Alfredo«. Die erste Pizzeria in Linz!

Diese Pizzen trafen genau den Geschmack von uns hungrigen jungen Leuten. Der Ansturm war derart groß, dass man sich schon um 17 Uhr vor dem Lokal anstellen musste, damit man um 18 Uhr einen Platz bekam. Schon der Duft von gebackenem Teig, Knoblauch und Olivenöl, italienischen Gewürzen und Rotwein ließ jede Mühe vergessen.

Alfredo war allein am Backofen, der sich direkt im Lokal befand, und man konnte ihm bei der Zubereitung zusehen. (»Ah, endlich! Das muss jetzt meine Pizza sein!«) Seine Frau arbeitete in der Küche und lieferte ihm stets neue frische Zutaten nach.

Wir tranken italienischen Rotwein – Valpolicella –, und dann bekamen wir endlich die Pizza. Was soll ich sagen! Was da auf unseren Tellern lag, war die Glückseligkeit pur. Der Teig knusprig, aber nicht so trocken wie bei vielen Pizzen heute, der Käse, als Krönung, zerrann in einem See von Olivenöl, Knoblauch und Oregano.

Einmal dachte ich mir, das, was Alfredo kann, müsste auch mir gelingen. Und so begann ich im Geheimen die Produktion von Pizza. Mit den ersten Exemplaren war ich noch nicht zufrieden, doch allmählich hatte ich den Dreh heraus. Bald konnte ich Franz damit überraschen.

Ausgelassener Zug der Maturanten über den Steyrer Stadtplatz.

Selbst gemachte Pizza, die ich bei Verwandten meines Mannes gebacken habe (1974).

Hin und wieder gingen wir noch ins »Da Alfredo«, einfach der Stimmung wegen. Aber wir hatten ja unsere eigene »Pizzeria« zu Hause.

Oft blieb mir Pizzateig übrig, daraus machte ich Weißbrot. Damals begann meine Leidenschaft für das Brotbacken, und es gab ausschließlich selbst gebackenes Brot. Zuerst nur Weißbrot, später kaufte ich mir eine Getreidemühle. Nun gab es auch Vollkornbrot. Ich tüftelte mit den verschiedenen Mehlsorten, mit Körnern, Gewürzen, Erdäpfeln, Rosinen, mit Sauerteig und Germ, mit Backpulver oder ohne alles. Die Variationsbreite war schier unendlich.

Mittlerweile hatte ich mein Jusstudium gänzlich an den Nagel gehängt, geheiratet und wohnte in Waidhofen an der Ybbs. Ich entschied mich – wie mein Mann – für den Lehrberuf und besuchte die Pädagogische Akademie. Jeden Tag fuhr ich um fünf Uhr früh mit dem Zug nach Linz. Für Frühstück zu Hause blieb keine Zeit. Ich musste mehrmals umsteigen und auf zugigen Bahnsteigen warten. Endlich um 7.15 Uhr Ankunft in Linz. Nun hatte ich Hunger. Auf dem Weg zur Akademie gab es eine

Milchtrinkstube. Erschöpft und frierend stolperte ich in die warme und nach frischem Brot duftende Bäckerei. Dort kaufte ich mir einen heißen Kakao und eine Buttersemmel. Welch ein Luxus! Die Semmel war knusprig und die Butter zerrann auf der Zunge. Ich hätte gern noch eine zweite Semmel gegessen, doch Zeit und Geld reichten nicht mehr.

Im Unterricht an der Sonderschule ließ ich nie das Thema »Brot« aus. Es war immer mein Bestreben, Lerninhalte mit praktischem Tun zu verbinden, und so konnten meine Schüler auch einmal ihr eigenes Brot kreieren.

Mario, ein recht lustiger Schüler, weigerte sich, für sein Brot Germ oder irgendein anderes Triebmittel zu verwenden. Natürlich vermuteten wir, dass sein Brot missglücken würde. Aber es kam anders. Marios Ergebnis war knusprig und schmeckte uns am besten. Bravo, Mario! Ich glaube sogar, er ist Bäcker geworden. Das »Mario-Brot« habe ich mir in meine Rezeptsammlung einverleibt, und manchmal kommt es zum Aperitiv, als Gaumenkitzel, gut gewürzt und frisch aus dem Ofen auf den Tisch.

Noch heute kaufe ich selten Brot beim Bäcker. Die Bäcker-Innung möge es mir verzeihen! Ich kenne die Zutaten meiner Brote, sie sind immer frisch und unverfälscht. Nie mehr würde ich auch »Hausbrot« kaufen, denn es erinnert mich zu sehr an meine entbehrungsreiche Kindheit.

Mira, eine der beiden kroatischen Betreuerinnen meines Lebensgefährten Peter, war die letzten fünf Jahre bis zu seinem Tod auch unsere Brotbäckerin. Verantwortungsvoll überwachte sie unseren Brotvorrat, nie ging uns das Brot aus. Ihr Weißbrot, das so herrlich zu ihrer mediterranen Küche passte, war ein Genuss. Es war innen weiß und hatte eine glänzende, goldgelbe Kruste.

Peter liebte dieses Brot sehr, und das rührte von früher her: Er war das älteste von acht Kindern von Pastor Richter, evangelischer Pfarrer an der berühmten Aegidienkirche in Lübeck. Während des Zweiten Weltkriegs und noch eine Zeit danach hungerten in Deutschland viele Menschen. Peter, 1930 geboren, ein Kind und Jugendlicher zu dieser Zeit, litt besonders unter Hunger. Als in Lübeck zu Kriegsende die Engländer einmarschierten, nahmen britische Soldaten und eine deutsche Sanitätskompanie, welche die entlassenen Wehrmachtssoldaten betreuen sollte, Quartier im Pastorat der Aegidienkirche.

Nach langen Jahren mit Sägespäne- und Rübenbrot bekamen die Kinder des Pastors von den Engländern ein Weißbrot spendiert. Peter glaubte, in seinem Leben noch nie etwas so Köstliches gegessen zu haben. Ab diesem Zeitpunkt aß er fast immer nur Weißbrot. Nur wenn mein süßes Vollkornbrot frisch aus dem Ofen kam, aß er eine Schnitte.

Pizzateig

300 g glattes Weizenmehl (es muss nicht Pizzamehl sein)

13 g Salz

180 g Wasser

½ TL Trockengerm (das ist relativ wenig)

Alle Zutaten mit den Händen oder der Maschine gut verkneten und lange (mehrere Stunden!) kühl gehen lassen. Die Rührschüssel mit einem Tuch bedecken. Danach ausrollen und nach Wunsch belegen. Ich träufle Olivenöl auf den fertigen Belag und um den Teig herum, damit auch der Rand schön knusprig wird. Bei großer Hitze (220 °C) etwa zehn Minuten backen.

Mario-Brot (Fladen)

Weizenmehl, etwas Weizenvollkornmehl (oder auch Roggenmehl)

Salz

Wasser

Gewürze nach Belieben (Kümmel, Anis, Sesam, Brotgewürz)

Mische alles zusammen, sodass ein relativ flüssiger Teig entsteht. Gieße kleine Fladen auf ein Backtrennpapier. Streiche diese mit einem in Wasser getauchten Löffel dünn auf. Salze noch einmal, streue nach Belieben Gewürze darauf und backe die Fladen bei ca. 190 °C rasch, bis sie Farbe angenommen haben. Unbedingt noch warm und frisch servieren, nur dann sind sie so knusprig, wie sie sein sollen.

Miras Weißbrot

1 kg Weizenmehl glatt

1 Würfel Frischgerm

3 EL Salz

etwas Olivenöl

Wasser (so viel, dass ein geschmeidiger Teig entsteht)

etwas Zucker

Ein Dampfl bereiten (lauwarmes Wasser, Germ, Zucker und etwas Mehl mischen), ca. 10 Minuten gehen lassen. Danach mit allen weiteren Zutaten mischen und ca. 20 Minuten kneten (mit den Händen oder in der Maschine). Wiederum eineinhalb Stunden oder länger gehen lassen. Danach teilte Mira den Teig in vier Teile, walkte jeden Teil auf einer bemehlten Unterlage zu einem länglichen Oval aus und rollte diese Teigplatten der Länge nach ein. Diese Brote mussten wiederum aufgehen (eine halbe bis eine Stunde), bis sie schön groß waren. Schließlich wurden sie auf einem mit Backtrennpapier belegten Blech im sehr heißen Rohr bei 200 bis 220 °C (Ober- und Unterhitze) gebacken.

Nach dem Backen bestrich Mira die Oberfläche der warmen Wecken mit Butter. Sie glänzten wunderbar goldgelb!

Vollkornbrot von Wilma

(mit Rosinen und Aranzini)

500 g Dinkelmehl
frisch gemahlen

Salz, Zucker

1 Päckchen frische Germ (42 g), auch Trockengerm (2 Päckchen) ist möglich

so viel Wasser, dass ein fester Brei entsteht

etwas Öl

Nüsse jeder Art

Rosinen, Aranzini

Sonnenblumenkerne, ev. Kürbiskerne

Leinsamen, Sesam

Brotgewürze

Mache zuerst ein Dampfl (etwas lauwarmes Wasser und etwas Zucker, die Germ dazu) und lasse es 10–15 Minuten gehen. Dann vermische dies kurz mit einem Kochlöffel mit den übrigen Zutaten (nicht kneten). Lasse diesen Teig 1,5 Stunden gehen. Danach gib einen Bogen Backtrennpapier in eine Backform und fülle den Teig hinein. Wiederum eine halbe Stunde gehen lassen. Das Backrohr auf 210 °C aufheizen und den Teig 30–40 Minuten backen. Ich sprühe mit einer Sprühflasche immer auch etwas Wasser in das Rohr.

Wenn das Brot an der Oberfläche eine schöne braune Farbe hat, nimm es aus der Form. Lässt es sich gut vom Papier lösen, ist das Brot fertig gebacken. Nun aber noch einmal 5 bis 10 Minuten weiter backen, damit es rundherum eine schöne goldbraune Farbe bekommt. Dabei gut beobachten, damit es nicht zu dunkel wird.

***Mein Tipp**: Ich verwende kein fertiges Brotgewürz, sondern nehme 1 EL Fenchelsamen, 1 EL Kümmel, 1 EL Koriander, 1 EL Anis sowie 1 EL Melasse (für die Farbe und das typische Schwarzbrotaroma).*

Hier mein Rezept für ein schnelles, gutes

Knäckebrot

100 g Speisestärke (Maizena od. Kartoffelmehl)

4 EL Sesam, 2 EL Leinsamen, 2 EL Kürbiskerne, 2 EL Sonnenblumenkerne, etwas Salz

2–3 EL Rapsöl

150 ml kochendes Wasser

ev. Brotgewürze

Übergieße alle Zutaten mit kochendem Wasser, mische und lass die Masse aufquellen (ca. 15 Minuten).

Auf einem feuchten Backtrennpapier möglichst dünne Fladen andrücken. Dabei die Hände immer wieder mit Wasser befeuchten (sonst klebt der Teig an den Fingern anstatt auf dem Papier).

Bei 150 °C Umluft 45 Minuten backen.

Ein köstliches Knäckebrot ist auch das

Apfelknäckebrot

200 g getrocknete Apfelringe

60 g Hasel- oder Walnüsse, grob gerieben

300 ml Milch

½ Päckchen Germ

1 TL Salz

130 g geröstetes Hafervollkornmehl (man kann Haferflocken in der Kaffeemühle fein mahlen und dann in einer Pfanne ohne Fett leicht anrösten)

250 g Dinkelmehl

Mache ein Dampfl (siehe oben) und heize den Ofen auf 225 °C vor. Dann mische alle Zutaten mit dem Dampfl und forme kleine dünne Fladen (Hände nass machen!).

Lege sie auf ein Backtrennpapier und backe sie zuerst acht Minuten bei großer Hitze. Dann drossle die Hitze und backe die Fladen bei 50 °C (die Ofentür einen kleinen Spalt offen lassen) eine Stunde weiter, bis sie schön knusprig sind.

Zu Neujahr backe ich immer lustige

Neujahrsschweinchen aus Weißbrotteig

Mache einen Weißbrotteig (z. B. Miras Weißbrot), lasse ihn gehen. Danach walke ihn auf einer bemehlten Unterlage ca. 1 cm dick aus und stich mit einer runden Keksform oder einem runden Glas (Durchmesser 9–11 cm) Scheiben aus. Mit einem winzigen Schnapsglas stich für die Ohren eine kleine Scheibe aus (diese wird halbiert), ebenso für den Rüssel eine kleine Scheibe. Für die Augen drücke zwei Rosinen und für die Rüssellöcher zwei kleinere Rosinen in den Teig. »Klebe« die Ohren und den Rüssel mit Eiklar auf die Brotscheibe. Zuletzt werden die Schweinchen mit Dottermilch bestrichen.

Bei 190 °C backen und dabei gut beobachten, damit sie nicht zu dunkel werden. Ober- und Unterseite sollen eine gleichmäßige Farbe haben.

Sind die Brote ausgekühlt, stecke ich in das »Goscherl« unter dem Rüssel noch ein Kleeblatt und einen kleinen Fliegenpilz aus Papier (beides im Handel erhältlich).

Diese Schweinchen verschenke ich an Freunde. Sie sollen Glück bringen.

Auch möchte ich ein sehr »dekoratives« Brotrezept empfehlen.
Es ist schnell gemacht und sieht großartig aus:

Rosmarinstangen

Mache einen gewöhnlichen Weißbrotteig, gib 2 EL Olivenöl dazu, lass den Teig gut gehen. Danach rolle ihn auf einer bemehlten Unterlage zu einem Rechteck, ca. 20 x 25 cm, aus und schneide jeweils drei Zentimeter breite Streifen ab. Wickle diese Streifen um längere Rosmarinzweige. Lass die Rosmarinstangen wiederum aufgehen und bestreiche sie mit etwas Dottermilch. Lege die Streifen auf ein mit Backtrennpapier belegtes Backblech und streue etwas grobes Salz darüber.

Im vorgeheizten Rohr bei 200 °C backen (Ober- und Unterhitze). Beobachte sie gut, die Stangen sollen auf der Ober- und Unterseite schön gebacken sein.

Zum Abschluss ein wunderbar schmeckendes Brot,
dessen Zubereitung jedoch etwas zeitaufwendig ist.
Es nennt sich das flaumige Vernasch-mich-Brot.

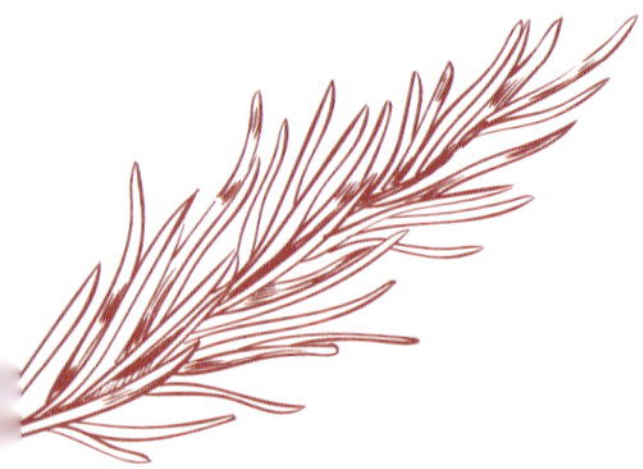

Vernasch-mich-Brot

150 g Dinkelvollkornmehl

350 g Weizenmehl glatt

½ Würfel Frischgerm (oder ca. ¾ Päckchen Trockengerm)

1 TL Zucker

1 EL Salz

Brotgewürze

ev. Nüsse

400 ml sehr warmes Wasser

zwei gleich lange Kastenformen (die für 250 °C Backtemperatur geeignet sind)

Öl und Haferkleie für die Form

In wenig lauwarmem Wasser Zucker und Germ auflösen. Die beiden Mehle mit Salz und den Gewürzen vermischen, sehr warmes Wasser und aufgelöste Germ dazu, wenig und vorsichtig rühren und zugedeckt gehen lassen. Nach 40 Minuten mit einem großen Löffel den Teig mehrmals vom Rand her »aufheben« und zur Mitte legen. Dadurch kommt viel Luft in den Teig. Diesen Vorgang drei- bis viermal wiederholen, immer mit einer 40-minütigen Pause dazwischen. Dann das Rohr auf 250 °C (!) vorheizen.

Eine lange Kastenform mit Öl auspinseln, mit Haferkleie ausstreuen und den Teig einfüllen. (Leider bröselt die Haferkleie etwas, aber sie hält die hohe Temperatur aus.) Mit der zweiten Form bedecken und in das heiße Rohr schieben. 25 Minuten backen, danach die zweite Form abnehmen und weiterbacken. Eventuell die Temperatur auf 220 °C senken, bis sich das Brot aus der Form löst. Noch kurz weiter backen, bis das Brot rundherum schön knusprig ist. (Ich bürste danach die Haferkleie vom Brot ab, sie bröselt sonst zu sehr.)

***Mein Tipp**: Möchtest du ein fluffiges Weißbrot (z. B. zum Auftunken von Soßen), nimm nur glattes Weizenmehl und bereite es genauso wie oben beschrieben zu. Du kannst auch eine lange Backform mit Backtrennpapier auskleiden, dieses mit etwas Öl ausstreichen und den Teig hineingeben. Die Temperatur nicht so hoch wählen, nur ca. 235 °C. Keine Haferkleie und keine zweite Form verwenden.*

12 Die fantastischen Speisen bei anderen Leuten

Während des Zweiten Weltkriegs arbeitete meine Mutter in einem Lebensmittel-Großhandelsunternehmen in der Innenstadt von Steyr. Dem Betrieb wurden für schwere Arbeiten mehrere französische Kriegsgefangene zugeteilt. Da meine Mutter in der Bürgerschule Französisch gelernt hatte, fungierte sie als Dolmetscherin zwischen den »Chefitäten« und den Franzosen. Es entwickelte sich eine schöne Freundschaft zwischen meiner Mutter und ihnen.

Als der Krieg vorbei war, kehrten diese Männer zurück in ihre Heimat, doch es blieb eine briefliche Verbindung bestehen. Bald darauf besuchte uns René, einer dieser Männer, mit seiner neuen Familie. Er hatte eine hübsche Französin mit einem kleinen Sohn geheiratet. Wahrscheinlich schwang auch jenes eigenartige Gefühl bei ihm als »Sieger« mit, sich anzusehen, wie schleppend sich die Wirtschaft der »Verlierer« erholte. René hatte nach dem Krieg in Paris ein Elektrogeschäft eröffnet und reparierte auch E-Geräte. Das Geschäft ging gut und er hatte es zu einem gewissen Wohlstand gebracht. Bei seinen Besuchen zeigte er diesen gönnerhaft, ob bewusst oder unbewusst.

Das französische Paar brachte uns Geschenke mit, wie einen transportablen Plattenspieler und einige Langspielplatten, ein leichtes Bügeleisen (meine Mutter bügelte zwar mit einem elektrischen, aber unheimlich schweren Bügeleisen), eine elektrische Faschiermaschine, Parfums und Unterwäsche, Strümpfe, Bücher über Paris und vieles mehr. Ich war geblendet von so viel Luxus.

Natürlich logierte die Familie im feinsten Hotel von Steyr. Dorthin wurden wir arme Schlucker jedes Mal zu einem ausgiebigen Dinner eingeladen. Die tollsten und teuersten Speisen wurden geordert (Filet Wellington, Boeuf Stroganoff ...), allesamt von René ausgesucht. Wir mussten fest mitessen, ob wir wollten oder nicht. Hinterher war mir immer schlecht. Bei diesen Einladungen bekam ich den Eindruck, dass in Frankreich das Essen eine große Rolle spielen müsse.

Meine Eltern besuchten ebenfalls ihre Freunde in Paris und erzählten uns von den stundenlangen Gelagen, den exklusiven Speisen und Getränken, denen sie nicht entkommen konnten.

Auch ich machte mit 17 Jahren einen Besuch bei unseren Bekannten in Paris und durfte danach noch einen Monat mit der Familie ans Meer fahren. Es gab immer wunderbares Essen, viele Gänge, und mir schmeckte alles, kannte ich doch nur einfache Kost. Natürlich gingen die vielen Meeresfrüchte mit Knoblauchmayonnaise, die Fische, die verschiedenen Früchtetorten, die gezuckerten Fruchtjoghurts etc. an meiner Figur nicht spurlos vorüber. Am Ende der Ferien hatte ich acht Kilogramm zugenommen.

Als junger Mensch tat man sich mit dem Abnehmen aber leicht, und bald waren meine zusätzlichen Kilos wieder verschwunden. Es war mir eine Lehre, dass unkontrollierte Völlerei unliebsame Folgen nach sich zieht. Daher achtete ich ab nun bei jedem Urlaub darauf, nicht zu viel zu essen.

Die Aufenthalte in Frankreich verbesserten meine Französischkenntnisse erheblich. Ich belegte am Steyrer Gymnasium das Freifach »Französisch«. Mein Lehrer schlug mich als Kandidatin für eine Jugendreise nach Frankreich vor – und ich durfte fahren, alles auf Kosten des internationalen Lions Clubs. Das war eine große Sache für mich! Vichy war der Hauptstandort. Wir waren Schüler aus aller Herren Länder.

Wir wohnten in kleinen Chalets eines sportlichen Zentrums, wo wir auch wunderbar verpflegt wurden. In Erinnerung sind mir noch die knusprigen Croissants, die es bei uns noch lange nicht gab. Auch der Waldorfsalat und die vielen Ragouts, Muscheln und Meeresfrüchte begeisterten mich.

Die Reise war sehr abwechslungsreich, wir besuchten Sehenswürdigkeiten der näheren und weiteren Umgebung, nahmen an einer Weinverkostung im Weinbaugebiet Beaujolais teil, unternahmen

Schülertreffen in Vichy im Zentrum Frankreichs, ich sitze vorn, 3. v. rechts.
(Quelle: Vichy-Photo)

gemeinsame Wanderungen und wurden in den Thermalinstituten von Vichy, das als Heilbad bekannt ist, verwöhnt.

Im Zuge dieser Reise kamen wir auch nach Beaune, einer alten Stadt im Burgund. Der Burgunder-Wein war mir ein Begriff, und dass es dort auch auserlesene Genüsse gab, war zu vermuten. In einem Hotel in Beaune fand der kulinarische Höhepunkt dieser Ferien statt. Eine Speisenfolge, wie ich sie noch nie gesehen hatte, war auf feinen Karten aufgedruckt. Dass wir dies alles zu essen bekommen sollten, war mir unheimlich. Auch das Interieur des Speisesaals, das Porzellan und Silberbesteck, die Stoffservietten und Tischtücher aus feinster, gestärkter Baumwolle faszinierten mich.

Das alles war vor mehr als fünfzig Jahren, und die Erinnerung lebt! Ich glaube, wir bekamen ein sechsgängiges Menü, jeder Gang ein Gedicht! Es gab Fisch, danach als zweite Vorspeise eine Schinken-Kräuter-Sülze, als erste Hauptspeise ein Coq au Vin (Hähnchen in Weiß- oder Rotweinsoße) und danach Lammnüsschen. Als Abschluss

Käse aller Art (seither liebe ich Käse) und noch ein Dessert, an das ich mich leider nicht mehr genau erinnere.

Die Schinkensülze und das Coq au Vin versuchte ich zu Hause nachzukochen. Ersteres stellte eine technische Herausforderung dar, das Geflügel gelang sofort. Beide Speisen gehören seither untrennbar in mein Speisenrepertoire.

Es würde den Rahmen sprengen, zählte ich all die Köstlichkeiten auf, die ich im Lauf der Zeit bei Freunden gegessen habe. Da gab es zum Beispiel bei Christa einen gespickten Rehrücken, der mir unvergesslich bleibt, mit allerlei wunderbaren Zuspeisen. Bei Georg genoss ich, neben vielen anderen Gerichten, ein herrliches Bananencurry mit Shrimps, bei seiner Frau oft köstliche, mediterran angehauchte Lammragouts, bei Rosemarie die Gänsekeulen, bei Armine die russischen Pelmeni (Teigtaschen) und den russischen Fischsalat. Burgi kochte ein Kalbsgulasch, das den Vergleich mit einem Gulasch von Haubenköchen nicht zu scheuen brauchte.

Adrian, der älteste Sohn von Peter und ein begnadeter Amateurkoch, jedoch fast schon professionell, ist berühmt für seine gelungenen Pastagerichte. Besonders schmackhaft: die Spaghetti Puttanesca und die frittierten Salbeiblätter.

Kasem servierte mir ein feines persisches Gericht, dessen Namen ich mir nicht merkte. Ich hätte es gerne nachgekocht, bekam aber die verschiedenen Gewürze nicht, die ich dafür gebraucht hätte. Nur die Zubereitung seines wunderbaren, persischen Reises behielt ich im Gedächtnis.

Einen besonderen Rang in der Reihe all dieser Gerichte und Einladungen nimmt die Pizza – und ihre Herstellung – von Matthias ein, Jessicas ältestem Sohn. Peter und ich waren zu einer Geburtstagsfeier von Jorinde im Haus von Jessica, seiner jüngsten Tochter, nach Anhofen (Schwabenland, südwestliches Bayern) eingeladen. Mit Miriam waren also alle seine drei Töchter anwesend.

Jessicas damaliger Ehemann betrieb einen Weinhandel mit exquisiten, französischen Weinen. Nach einigen Gläsern spürte man, dass etwas »zum Beißen« nicht schlecht wäre. Doch Jessica rührte keinen Finger. Vielleicht war es mit Matthias, 14 Jahre alt, ausgemacht oder nicht, jedenfalls meinte er plötzlich, er mache jetzt eine Pizza für uns alle.

Ich war erstaunt, Pizza für so viele Leute, da gehört schon eine Portion Mut und Können dazu. Ich bot ihm meine Hilfe an, er aber lehnte ab. Verstohlen wollte ich ihn bei seiner Arbeit beobachten.

Matthias begann den Kochvorgang damit, eine Tube Tomatenmark nach der anderen in einen mit Wasser gefüllten Behälter zu drücken. Oh Gott, so viel Tomatenmark, dachte ich. In diesem Moment kippte der Behälter auch schon von der Arbeitsfläche und alles ergoss sich als tiefroter See über den weißen Fliesenboden.

Der Papagei, der in der Küche auf einem Stab saß, stürzte zu Boden und ergriff die Gelegenheit, ein Bad zu nehmen (oder er hatte sich nur erschreckt). Es bereitete ihm großes Vergnügen, mit seinen Flügeln die rote Soße überall zu verteilen.

Mit Schaudern wandte ich mich ab. Nein, nicht helfen, diese Bescherung zu beseitigen, beschloss ich. Mein neues, frühlingshelles Outfit, das einzige, das ich mithatte, würde das nicht unfallfrei überstehen. Ich flüchtete mit einem schlechten Gewissen in ein anderes Zimmer.

Miriam, seine Tante, half Matthias schließlich, die Schweinerei zu beseitigen. Und ja, ihr langer weißer Pulli musste daran glauben.

Kaum war aufgeräumt, begann Matthias seelenruhig wieder Tomatenmarktuben auszudrücken. Und dann beobachtete ich etwas, was ich noch nie gesehen hatte: Matthias – er musste den Teig schon vorbereitet haben, oder es war ein gekaufter – bestrich ein Backblech mit einem ganzen Würfel Margarine! Ich staunte nicht schlecht, 250 g Margarine! Danach klatschte er den Teig darauf, verteilte ihn auf dem Blech und drehte als Nächstes die große Teigplatte geschickt um, sodass Ober- und Unterseite mit der Margarine in Kontakt kamen.

Er bestrich den Teig mit dem Tomatenmark, belegte ihn mit allerlei guten Sachen und schob das Blech ins heiße Rohr.

Diese Pizza war unvergesslich gut. Der Teig und auch der Rand waren durch die viele Margarine sehr knusprig, der Belag himmlisch. Bravo, Matthias! Deine Familie wird nicht verhungern!

Noch nicht lange her ist mein Besuch bei Lukas, dem zweiten Sohn von Jessica. Er und seine Frau Anne bewohnen mit zwei kleinen Söhnen ein sehr großes, altes Gutshaus, ebenfalls im Dorf Anhofen, wo früher Jessica mit ihrer Familie gewohnt hat. Es waren vergnügliche Tage. Anne verwöhnte uns mit einem traditionellen Weihnachtsessen der Familie: Lübecker Schmorbraten, welcher es wert ist, tradiert zu werden (Rezept siehe unten).

Im Sommer 2022 besuchte ich meine Freunde Jarmo und Johanna in Finnland. Sie haben ein toll renoviertes Sommerhaus, gelegen an einem ruhigen Fluss zwischen zwei Seen im Saimaagebiet, mitten in unberührter Natur. Ich hatte mich angeboten zu kochen (gelegentlich), jedoch, zu meinem großen Erstaunen – sie hatten eine Köchin!

Sie kam am Vormittag um 10 und begann in einzigartiger Weise zu kochen. Nur typische finnische Gerichte. Sie war eine sehr freundliche, warmherzige, rüstige Dame, schon in Pension, und hatte früher an einer »Koch-Universität« Spitzenköche ausgebildet. Man kann sich vorstellen, wie köstlich ihre Speisen waren. Fische, kalt und warm, Fischsuppe, Kartoffelgratins, Steaks ... Mit Butter und Obers hat sie nicht gespart.

Weil gerade Krebse-Zeit war, hatte Jarmo beim Nachbarn einen Sack lebende Krebse gekauft. Am Abend wurden sie, in Dillwasser gut gekocht, verspeist. Dazu gab es natürlich Wein und Schnaps, und Jarmo und seine Frau sangen das besondere Lied, das zu einem guten Krebsessen in Finnland gesungen werden muss. Es war ein wunderbarer Abend!

Krebse, die ich bei meinen Freunden Jarmo und Johanna in Finnland mit Genuss gegessen habe.

Waldorfsalat

Säuerliche Äpfel (Elstar, Jonagold, Braeburn etc.)

Knollensellerie

Salz, Pfeffer

Saft einer Bio-Zitrone

etwas Agavensirup

Mayonnaise

Walnüsse

Knollensellerie gut schälen und wie die Äpfel grob in eine Schüssel raffeln (ich schäle die Äpfel, am besten bio, nie). Mit Zitronensaft, Salz, Pfeffer und Agavensirup würzen. Die Walnüsse, grob gehackt, und Mayonnaise untermischen und nochmals abschmecken. Etwas ziehen lassen. Guten Appetit!

Kräutersülze

Gekochter, geräucherter Schinken, in kleine Würfel (1 cm) geschnitten

1 fein geschnittene Zwiebel

kleine, gedünstete Karottenwürfel

kleine Essiggurkerlwürferl

3–4 Stück Perlzwieberl

viele klein geschnittene Kräuter

2–3 EL Essig

Salz, weißer Pfeffer, etwas Zucker,

7 Gelatineblätter

150 ml trockener Weißwein

225 ml Essiggurkerlflüssigkeit

Die Gelatineblätter in kaltem Wasser 10 Minuten einweichen.

In einem Topf Weißwein, Essiggurkerlflüssigkeit, Essig, Salz, Zucker und weißen Pfeffer aufkochen, die ausgedrückten Gelatineblätter gut einrühren und auf lauwarm abkühlen lassen. Diese Sülze nochmals gut abschmecken (denn wenn sie kalt ist, verliert sie an Würze).

Eine Rehrückenform (oder jede andere Form) mit Frischhaltefolie auslegen, eine geringe Menge Sülze ohne Schinkenwürfel hineingießen und erstarren lassen. Die restliche lauwarme Flüssigkeit mit den Schinkenwürfeln vermischen und auf die erstarrte Sülze gießen.

Die Sülze kalt stellen, sie braucht einen Tag, um schnittfest zu werden.

Coq au Vin

Hühnerteile, besonders Schenkel

Champignons, Schalotten

durchwachsener Hamburgerspeck

½ Dose geschälte Tomaten

1 Flasche Rotwein (oder etwas weniger)

Öl zum Braten

Salz, Pfeffer, etwas Agavensirup, Petersilie, Lorbeerblätter

Brate die gewürzten Hühnerteile gut in Öl an. In einer anderen Pfanne schwitze die Schalotten, die Champignons und die Tomaten mit dem Speck an.

Gib die abgetropften Hühnerteile dazu und gieße mit Rotwein auf. Zuletzt die Gewürze dazugeben. 1,5 Stunden bei geringer Hitze schmoren lassen.

Zum Servieren mit frischer Petersilie bestreuen und Baguettes dazu reichen.

Der russische Fischsalat meiner Freundin Armine ist buchstäblich sehr vielschichtig. Hier das Rezept:

Russischer Fischsalat

2 Packungen Matjesfilets (gut gewässert)

gut abgeschmeckte Mayonnaise

1 Zwiebel

Äpfel

Rote Rüben

einige gekochte Kartoffeln

5 harte Eier

Reibe die gekochten Kartoffeln grob und verteile sie auf einem großen Teller. Schneide die Matjesfilets in kleine Stücke und verteile diese auf den Kartoffeln. Gib nun eine Schicht Mayonnaise darauf.

Reibe die Zwiebel und die Äpfel grob und verteile sie darüber, danach reibe die Roten Rüben darauf. Danach kommt wiederum Mayonnaise darauf. Nun sind die harten Eier an der Reihe, sie werden auch grob gerieben und darüber verteilt. Zuletzt kommt nochmals Mayonnaise darüber. Du kannst alles so oft wiederholen, wie du Zutaten hast.

Achtung, nicht vermischen! Es sollen Schichten bleiben, die sich mit der Mayonnaise gut verbinden.

Lübecker Schmorbraten von Anne

Es handelt sich um einen Braten, der aus dreierlei Fleisch oder nur aus Rindfleisch besteht. Anne (Schwiegertochter von Peters Tochter Jessica) verwendete Fleisch vom Rind, Wildschwein und Hirsch. (Es waren viele Leute zu Gast.)

2 kg Fleisch
(z. B. Rinderbraten)

½ kg Zwiebeln

⅜ l Rotwein
(im Idealfall
Lübecker Rotspon),

1 EL Wacholderbeeren

½ EL Pimentkörner

12 Nelken

¼ Tasse Essig

5 Lorbeerblätter

Butterschmalz
zum Anbraten

1 EL Tomatenmark

Salz und Pfeffer
(nicht sparen!)

kalte, klare Suppe

ev. einige Lebkuchen

etwas Mehl zum Binden

Aus Wein, Zwiebeln, Gewürzen und Essig eine Beize bereiten und das Fleisch darin drei Tage (!) kühl marinieren. Täglich wenden. Danach aus dem Sud nehmen und trocken tupfen. Die Flüssigkeit zur Seite stellen.

Butterschmalz erhitzen und den Braten von allen Seiten gut anbraten, dann herausnehmen. In derselben Pfanne das Tomatenmark anbraten, mit dem Sud aufgießen und den Braten wieder hineinlegen.

Den Topf verschließen und den Braten 2–3 Stunden bei mittlerer Temperatur im Backrohr schmoren lassen. Mehrmals umdrehen. Immer wieder mit dem Sud begießen. Der Braten muss zart und weich sein.

Zuletzt den Soßenfond aus dem Topf abgießen und mit klarer Suppe auffüllen. Eventuell mit einigen Lebkuchen würzen, mit Mehl binden und abschmecken. (Ich gebe gerne noch 2 EL Preiselbeerkompott zur Soße.)

Das Fleisch in die Soße legen und vor dem Servieren mit Petersilie bestreuen.

Zu diesem Braten passen Nudeln, Kartoffeln, Semmelknödel und Preiselbeerkompott.

Der köstliche Apfelstrudel meiner Freundin Heidrun A.

Apfelstrudel

200 g Mehl

200 g Butter
(man kann auch vegane Butter verwenden)

1 Prise Salz

1 Eiklar, ½ Eischale kaltes Wasser, 1 Eidotter zum Bestreichen

FÜLLUNG

Äpfel (geschält oder ungeschält) vom Kerngehäuse befreien und in Spalten sowie danach in kleine, dünne Stücke schneiden. Zimt darunter mischen, auf Wunsch zuckern und Rosinen beifügen.

Dieser Apfelstrudel ist knusprig, die Basis ist ein leichter Mürbteig.
*(In Oberösterreich würde man diese Mehlspeise als **Apfelschlangerl** bezeichnen.)*
Er schmeckt sehr gut, ist aber nicht zu süß und zergeht auf der Zunge!

Aus den Zutaten rasch einen Teig bereiten. Auf einer bemehlten Unterlage dünn auswalken und füllen. Die seitlichen Enden einschlagen und den Strudel aufrollen. Die Nähte können ohne Weiteres oben liegen. Mit Eidotter bestreichen und bei 200–210 °C Ober- und Unterhitze 20–30 Minuten backen. Mit Staubzucker bestreuen. Warm oder kalt servieren.

***Mein Tipp**: Man kann den Teig auch teilen und zwei Apfelschlangerl herstellen.*

Dieser köstliche Mürbteig-Apfelstrudel passt auf jede Kaffeetafel.

Der knusprige, persische Reis von Kasem

Wasche Langkornreis und koche ihn wie Nudeln (1:10) in Salzwasser. Bevor er ganz weich wird, seihe ihn in einem Sieb ab. In der Zwischenzeit gib in einen Topf drei Esslöffel Margarine (!), lasse sie heiß werden und gib den Reis in einem Schwung hinein. Nicht umrühren, höchstens etwas angleichen.

Mache mit einem Kochlöffelstiel einige Löcher in den Reis, dadurch kann der Dampf entweichen. Lege ein Geschirrtuch über den Topf und gib einen Deckel darauf.

Nun lass den Reis etwas braten und schalte dann die Temperatur zurück. Brate ihn nochmals etwa 20 Minuten. Auf dem Topfboden sollte eine knusprige Reisschicht entstanden sein (aber keine angebrannte).

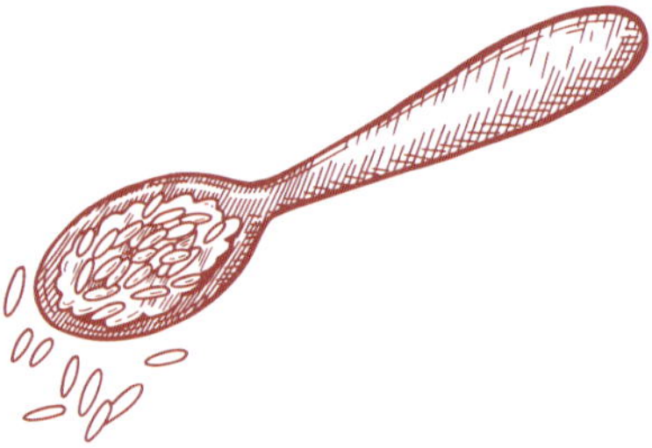

13 Als wir uns als Bauer und Bäuerin fühlten

Franz, mein Mann, wurde in Waidhofen an der Ybbs geboren, einer Kleinstadt in den niederösterreichischen Voralpen. Er wuchs in Ybbsitz, einem noch viel kleineren Marktflecken, schon dem Gebirge näher, jedoch nur elf Kilometer von Waidhofen entfernt, auf. Sein Vater, der auch schon Franz hieß, hatte mit zwei Brüdern vor dem Zweiten Weltkrieg eine Gerberei in Ybbsitz gepachtet. Ihre Eltern waren ebenfalls Gerber gewesen und stammten aus Randegg (Bezirk Scheibbs). Hermine Jax, meine Schwiegermutter, übersiedelte nach ihrer Verehelichung nach Ybbsitz.

Der Krieg kam und Franz Hofmayer sen. musste einrücken. In einem seiner Fronturlaube 1941 musste sein Sohn Franz jun. gezeugt worden sein. Ab 1944 kam keine Nachricht mehr von ihm, kein Brief, keine Karte, und so blieb es bis weit in die 1950er-Jahre. Schließlich wurde er für tot erklärt. Man vermutet, er wäre in Odessa (Hafenstadt am Schwarzen Meer) an einer Verwundung gestorben.

Mutter und Sohn blieben in Ybbsitz, obwohl in Waidhofen Hermines Vater eine Gerberei, eine Lederfabrik, eine Brauerei, ein Gasthaus mit Beherbergungsbetrieb etc. betrieb und dringend einen Nachfolger gebraucht hätte. Er hatte fünf Töchter, und die meisten waren, gut ausgesteuert, verheiratet und in alle Winde verstreut.

In Ybbsitz führten Mutter und Sohn ein beschauliches Landleben. Mangel herrschte nach dem Krieg noch überall. Die Mutter züchtete Hühner und Schweine und baute Gemüse und Obst an, so lernte Franz die Selbstversorgung von der Pike auf. Schließlich haben seine Tante und seine Mutter das mittlerweile heruntergekommene Brauhaus in Waidhofen verkauft. Sie hatten den großen Gebäudekomplex geerbt.

Hermine hat für sich und Franz eine kleine Wohnung am Stadtrand von Waidhofen erworben. Leider starb sie 1960 erst 44-jährig, und von da an war Franz mit 18 Jahren auf sich allein gestellt. Vom

Erbe behielt er die drei alten Keller und einen Teil des Gartens, die zum Brauhaus gehört hatten.

1973 haben Franz und ich geheiratet. Wir wurden beide Lehrer und wohnten in seiner kleinen Wohnung, wo wir uns aber nicht richtig wohlfühlten. Kein Balkon, kein Garten, alles zu klein. So suchten wir in der näheren Umgebung einen Bauernhof. Diesen wollten wir für unsere Bedürfnisse umbauen, und Franz hätte dort sein geliebtes Landleben wieder aufnehmen können.

Zu unserem Leidwesen war nichts Passendes zu finden. Zu guter Letzt erfuhren wir von einem verlassenen Bauernhof hoch oben im Kleingschnaidt. Die Besitzerin hatte gerade geheiratet und war weggezogen. Der Hof war zwar zu weit von unserem beruflichen Leben entfernt und schwer zugänglich, besonders im Winter, trotzdem mieteten wir ihn – für Wochenenden, für die Ferien.

Der Bauernhof lag wunderbar nach Süden hin, gegen Norden von hohen, bewaldeten Hängen geschützt. Weit und breit kein Nachbar, nur Kuhglocken auf der gegenüberliegenden Weide waren leise zu hören. Diese Einsamkeit gefiel uns.

Sehr vorsichtig renovierten wir diesen Bauernhof und statteten ihn mit schönen, bäuerlichen Antiquitäten aus. Es gab nur kaltes Wasser und ein Plumpsklo draußen. Eine Herausforderung, besonders im Winter!

Im abschüssigen Garten versuchte ich verschiedenes Gemüse anzubauen. Wenn die Mäuse und Schädlinge etwas übrig gelassen hatten, konnte ich bescheidene Ernteerträge einfahren. Da und dort wuchsen alte Obstbäume, vor allem Zwetschke, aber auch Apfel und Birne. Große Ribiselstauden mit weißen und roten Beeren beschenkten uns im Frühsommer. Franz und ich waren dort oben sehr glücklich.

Ich hatte bis dahin immer in der Stadt gelebt. Mitten in Steyr, danach in Linz, zuletzt in Waidhofen. So war das Landleben für mich etwas ganz Neues. Ich konnte den ganzen Tag unbeobachtet und frei in der Gegend umherwandern und tun und lassen, was ich wollte.

Franz kaufte jedes Jahr im Frühling drei junge Lämmer und zog sie über den Sommer bis zum Herbst in einer eigens gebauten Weide mit

Unterstand auf. Oft ging er auch mit ihnen spazieren, die Nutztiere folgten ihm wie Hunde. Im späten Herbst schlachtete er sie. Unsere Tiefkühltruhe war immer mit hochwertigem Lammfleisch gefüllt.

Die Felle der Tiere gerbte er, und ich machte daraus weiche, warme Fellwesten, Kinderhausschuhe, Fäustlinge, Kinderwagensäcke und vieles mehr. Für mich nähte ich auch eine Fellweste. Der Pelz war ungeschoren und ich trug ihn innen. Ich sah damit sehr dick aus, aber wenn wir im Winter in das eiskalte Haus kamen, zog ich meine Oberbekleidung aus und schlüpfte nackt in die Fellweste. Sie wärmte mich besser als der wärmste Ofen.

Hochzeit mit Franz im Jahr 1973.

Im Winter war es nicht einfach, zum Bauernhaus zu gelangen. Das Auto ließen wir beim Thalbauern stehen. Dann stiegen wir mühsam mit Schlitten hinauf. An einigen Stellen gab es meterhohe Schneewechten, von der Kälte gar nicht zu reden. Man brauchte oft eine volle Stunde.

Wenn dann im großen Küchenofen das Feuer brannte, allmählich die Räume warm wurden und es nach Holzfeuer duftete, dann waren wir zu Hause, umfangen von einer stillen Glückseligkeit.

Natürlich versuchte ich wie eine Bäuerin zu kochen, buk das Brot selbst, und die Milch holten wir vom weit entfernten Edtbauern. Wir mochten ihnen etwas komisch vorgekommen sein. Leute, die so

Meine Leidenschaft, das Geigenspiel, hier mit dem Kammerorchester Waidhofen an der Ybbs (ich vorn, 1. v. li., 1989).

einsam und zeitweise auf einem uralten Hof lebten. Sie bezeichneten uns als »die Neuen vom Stoariegel, die mit dem gschpoaßigen (spaßigen, Anm.) Auto«. Wir fuhren damals noch mit dem Oldtimer: Mercedes, Baujahr 1951, mein Jahrgang. (Nach dem Tod von Franz musste ich ihn leider verkaufen.)

Aus der Milch vom Edtbauern machten wir Topfen und Käse. Ich lernte aus dem uralten »Kochbuch für die Landfrau«, das ich im Haushalt meines Mannes gefunden hatte, wie man Nudeln macht, ganz ohne Maschine! Kraut und Zwiebeln hatte ich im Garten.

Auf diese Weise entstanden herrliche Krautfleckerl, langsam geschmort im Rohr des alten Holzofens. Kamen Gäste, servierte ich nicht etwa Schnitzel oder Schweinsbraten, nein, es gab Krautfleckerl. Davon schwärmen manche Gäste noch heute. Anders als bei Friedrich Torbergs »Tante Jolesch«, gab es bei uns immer genug davon, und ich bin sicher, sie waren genauso gut.

Manchmal kamen auch meine berühmten gekochten Weinbergschnecken auf den Tisch, denn damals waren sie noch nicht geschützt und auf den Wiesen und Waldrändern gab es eine Menge davon.

Nach der Geburt unseres Sohnes wurde mir die Arbeit am Hof zu viel. Da gleichzeitig unser neues Haus – mit Garten – schon fertig war, beschlossen wir schweren Herzens, den schönen Hof nach zehn Jahren zur Gänze aufzugeben. Mit Wehmut denke ich auch heute noch an diese schöne Zeit hoch über dem Tal zurück.

Krautfleckerl

Schneide Weißkraut fein und dünste es mit vielen nudelig geschnittenen Zwiebeln in Öl oder Margarine so lange, bis es weich ist. Würze mit Kümmel, Salz, Essig und etwas Zucker.

Für die Fleckerl bereite einen Nudelteig oder nimm fertige Fleckerl aus dem Ladenregal. (Ich bevorzuge Teigwaren der Marke »Eigold« aus dem Burgenland, hoffentlich gibt es sie noch lange.) Vermische die gekochten Fleckerl vorsichtig mit dem gedünsteten, gewürzten Kraut. Mit Petersilie oder Schnittlauch bestreuen. Guten Appetit!

Nudeln *(Fleckerl etc.), selbst gemacht*

Für feine Eierteigwaren vermische griffiges Mehl, Salz, etwas Öl und Eier mit wenig Wasser, bis ein nicht zu fester Teig entsteht. Nun knete ihn ordentlich, bis er glatt ist. (Das dauert, du brauchst Geduld!)

Hast du eine Nudelmaschine, mache zum Beispiel Bandnudeln. Wenn Du sie mehrmals durchschneidest, erhältst du Fleckerl (für Krautfleckerl, siehe oben). Hast du keine Nudelmaschine, walke den Teig mit dem Nudelwalker 1 mm dick aus. Schneide die Nudeln nach Belieben (für Fleckerl zum Beispiel kleine Quadrate, ca. 1,5 x 1,5 cm).

Entweder du kochst die Nudeln sofort, oder du trocknest sie, das geht relativ schnell. (Meine Mutter breitete sie dazu auf einer Tischdecke auf der Tagesdecke des Ehebetts aus.)

14 Franz und die Liebe zu Schweden

Als ich 1972 meinen Mann Franz kennenlernte, hatte er weder Vater noch Mutter. Sein Vater war im Krieg gefallen und seine Mutter mit nur 44 Jahren an einer Nierenkrankheit gestorben. Er war mit 18 Jahren von seiner todkranken Mutter für großjährig erklärt worden. (Damals galt man von Rechts wegen erst mit 21 Jahren als großjährig.)

Franz bezog eine winzige Waisenrente, davon musste er auch die Betriebskosten und die Heizung seiner Wohnung bezahlen. Er ging damals noch zur Schule, in die dritte Klasse der Höheren Technischen Lehranstalt (HTL) in Waidhofen an der Ybbs. Davor hatte er bereits die Handelsschule abgeschlossen. Seine Mutter wollte, dass aus ihm ein Geschäftsmann werden sollte.

Nach der Handelsschule wurde Franz zu Herrn Wuchse in dessen kleines Lebensmittelgeschäft am Unteren Stadtplatz in Waidhofen gesteckt. Herr Wuchse war mit Franz' Mutter gut bekannt. Der Bursch wurde in das hinterste Magazin verfrachtet und musste von 7 Uhr früh bis 12 Uhr Kristallzucker in Säcke zu je einem halben Kilogramm füllen. Dafür, so entschied er, brauchte man nicht drei Jahre Handelsschule besuchen. Zu Mittag eilte er nach Hause und erklärte seiner Mutter, dass ihr Traum von einer Karriere ihres Sohnes als Kommis (kaufmännischer Angestellter) im Laden des Herrn Wuchse ausgeträumt sei. Technik habe ihn immer schon interessiert, und nun gehe er sich in der örtlichen HTL anmelden.

Dieser Entschluss war im Nachhinein sehr gut, denn Franz hatte handwerklich und technisch unheimlich viel auf dem Kasten.

Nach dem Tod seiner Mutter begann für ihn eine entbehrungsreiche Zeit. Er lebte hauptsächlich von Produkten, die er selbst produziert hatte. Im Garten, der ihm nach dem Verkauf des Brauhauses geblieben war, hielt er Kaninchen und Hühner, die irgendeinmal in den

Kochtopf wanderten. Er baute ein wenig Gemüse an, und der einzige Apfelbaum bescherte ihm eine magere Ernte.

Diesen Garten zu behalten, war ebenfalls eine gute Entscheidung. Heute ist er der Garten meines Hauses, eine Oase mitten in der Stadt am Fuße des Buchenbergs. Der Garten ist zwar etwas schattig, aber im heißen Sommer eine Wohltat. Nachts schickt der Nordhang des Buchenbergs, mit seinen Nadel- und Laubbäumen, wunderbar kühle Luft in mein Schlafzimmer.

Ab seinem 18. Lebensjahr fuhr Franz in den Sommerferien aller seiner Schul- und Studienjahre nach Schweden arbeiten. So besserte er seine magere Waisenrente auf. Er arbeitete hart in einer Papierfabrik oder lieferte mit riesigen Lkws Fett von Fabrik zu Fabrik. Bald konnte er recht gut Schwedisch und begann dieses Land und seine Leute zu lieben.

Als die schwere Zeit des Geldverdienens in den Ferien vorüber war und wir schon 13 Jahre verheiratet waren, wollte Franz endlich wieder sein geliebtes Schweden besuchen. Ulrich, unser Sohn, war drei Jahre alt.

Wir hatten eine Stüga (Ferienhaus) auf den Ålandinseln gebucht. Die felsige Inselgruppe liegt zwischen Schweden und Finnland in der nördlichen Ostsee und ist von ganz besonderer Schönheit. Obwohl sie zu Finnland gehört, sprechen die Leute Schwedisch. War es auf unserer einsamen Insel doch einmal zu langweilig, fuhren wir in die Hauptstadt der Ålandinseln, nach Mariehamn, und schlenderten durch die Gassen.

In Mariehamn, das heute rund 12.000 Einwohner hat, fand ein bescheidenes städtisches Leben statt. Es gab nette Läden, in denen man billig Wolle kaufen konnte (ich entwickelte in diesen Ferien wieder meine Leidenschaft fürs Stricken und fertigte drei wunderschöne Kinderpullis mit komplizierten Mustern an), sowie einige Kaffeehäuser – natürlich Selbstbedienung – mit Filterkaffee und knusprigen Mazarintörtchen.

Unsere Ferienhütte hatte weder Strom noch Wasser, aber gerade das gefiel uns. Es gab eine Sauna, einen Brunnen, ein Trockenklo und ein großes Ruderboot aus Holz.

In der Objektbeschreibung war auch das Fischen im nahe gelegenen Sund (Meerenge) inkludiert. Das war der entscheidende Punkt für uns gewesen. Freies Fischen! Wir sahen uns schon jeden Abend Fische über dem offenen Lagerfeuer braten, dazu ein kühles Bier und duftendes Weißbrot. Franz kaufte noch zu Hause eine tolle Anglerausrüstung, sie hätte für die Hochseefischerei im Pazifik gereicht.

Also, jeden Abend – da sollen ja die Fische besser anbeißen – ruderte Franz mit dem Holzboot hinaus und warf die Angel aus. Aber nie biss ein Fisch an.

Da die Nächte im hohen Norden im Sommer nie wirklich dunkel werden, blieb Franz oft bis weit nach Mitternacht draußen auf dem Wasser. Frustriert und von Mücken zerstochen kehrte er zurück – und versuchte es nächsten Abend wieder.

Frau Sundblum, unsere Vermieterin, eine schon etwas ältere Frau, sah von ihrem schönen schwedischen Haus in den Sund hinaus. Vielleicht hatte sie (samt ihren Freundinnen) über den dummen Österreicher gelacht, der nicht wusste, dass im Sommer keine großen Fische mehr in der Bucht waren. Nur im Frühling kommen sie, um im flachen warmen Wasser abzulaichen. Im Sommer sah man dann die Fischchen im klaren Wasser.

Eines Tages erschien Frau Sundblum in unserem Quartier. Sie sagte, dass sie Franz beobachtet hatte, und aus Mitleid war sie aufs offene Meer hinausgefahren und hatte mit dem Netz Plattfische gefischt. Diese brachte sie uns vorbei.

Erschrocken stellte ich fest, wie diese herrlich schmeckenden Schollen, die ich nur aus den Tiefkühltruhen der Geschäfte kannte, fangfrisch aussahen. Mit ihren stechenden Augen sahen sie mich an. Die dunkle Haut war mit steinharten, warzenähnlichen Schuppen überzogen.

Etwas beschämt über seine Naivität nahm Franz die Fische dankend an. Er enthäutete und filetierte sie, und sie schmeckten hervorragend. Mit der alten, rüstigen Dame freundete er sich an, verbrachte viele Stunden bei ihr und konnte bei Kuchen und Kaffee seine Sprachkenntnisse zeigen und aufpolieren.

Mein heiß geliebtes Holzboot! Am Bild Ulrich und Franz, der die Landschaft des Nordens genießt.

Entsetzt waren wir über die Lebensmittelpreise auf der Insel. Kartoffeln und Tomaten waren sehr teuer, wir kauften sie nur noch stückweise. Gesalzene Butter und Zucker waren etwas billiger, Brot war kaum erschwinglich. So machte ich aus der Not eine Tugend. Das Mittagessen bestand von nun an aus Fisch und wenigen Kartoffeln. Das Abendessen war gestrichen. Ich war ohnehin um einige Kilos zu schwer, und da kam mir die Kalorienreduktion gerade recht. Noch dazu ruderte ich mit großer Leidenschaft mit dem schweren Holzboot im Sund umher, oft auch noch spätabends. (Braun gebrannt und entschlackt kam ich nach sechs Wochen wieder nach Hause.)

Zum Frühstück auf Åland gab es ein sehr dunkles Fladenbrot, gesalzene Butter und meine selbst gemachte Heidelbeermarmelade. Der Wald war voll von diesen köstlichen Beeren, aber niemand pflückte sie. Riesige, blutrünstige Gelsen machten den Aufenthalt im Wald zur Qual. Nur fest vermummt konnte man dorthin gehen.

Neben den Fischen der liebenswürdigen Frau Sundblum hatten wir noch eine andere »Fischquelle«. Franz kannte die Skandinavier gut, Alkohol war ihre große Leidenschaft. Sie konnten diese aber nicht wirklich ausleben, denn jede Form von Alkohol war im Norden sehr teuer. Schon zu den Zeiten, als er noch in Schweden gearbeitet hatte, machte sich Franz diesen Hang zunutze, schmuggelte Hochprozentiges und verkaufte selbst gemischten Rum.

Für unsere Reise hatte er noch zu Hause im Supermarkt billigen Cognac gekauft und ihn in kleine gläserne Flachmänner abgefüllt. Diese hatte er, gut versteckt zwischen Unterwäsche und Strumpfhosen, mitgenommen.

In der Nähe unserer Unterkunft gab es mehrere Fischbecken, in denen Lachsforellen gezüchtet wurden. Ohne mich in sein Vorhaben einzuweihen, nahm er mich zu einer dieser Fischzuchtanstalten mit. Plötzlich sagte er: »Jetzt pass auf! Jetzt zeig ich dir was!«

Ich war gespannt. Harmlos gingen wir über einen Ponton zu den Becken, wo ein Arbeiter gerade die Fische fütterte. Franz begann ein freundliches Gespräch. Er fragte, wie viele Fische im Becken seien, wie oft sie gefüttert werden müssen, wann sie groß genug zum Verzehr seien usw. Währenddessen griff er in die Brusttasche seiner Jacke, holte langsam den Flachmann heraus und wollte ihn schon an den Mund führen.

Ich merkte, wie der Arbeiter plötzlich die Augen aufriss und begierig die Flasche ins Visier nahm. Jovial reichte Franz ihm das Fläschchen und bedeutete ihm, es zu behalten. Der Mann trank es in einem Zug leer. Als Dank für dieses Geschenk des Himmels bzw. des »Ausländers« tauchte er seinen Kescher in das Becken und holte eine riesige Lachsforelle heraus. Unser Mittagessen war gesichert.

Der »eingetauschte« Fisch, ein Leckerbissen – auch wenn Ulrich skeptisch dreinblickte.

Franz konnte diese Fische wunderbar zubereiten. Gebraten und gedünstet, über offenem Feuer gegrillt, in der Suppe oder vor allem als »Gravad Lax« (Graved Lachs, gebeizter Lachs) kamen sie auf den Tisch.

Oft noch besuchte Franz die Fischzucht. Schon bei seinem entfernten Auftauchen hatte der Fischzüchter mit seinem Kescher einen Fisch aus dem Becken herausgeholt. Der Austausch von Fisch gegen Cognac war nur noch Formsache.

Gravad Lax

1,5 kg Lachs oder Lachsforelle, möglichst Filets

1 Bund Dille

4 gehäufte EL grobes Salz

3 gehäufte EL Zucker

1 EL grob gemahlener weißer Pfeffer

Zuerst die Dille grob schneiden. Ein Lachsfilet mit der Hautseite nach unten in eine große Schüssel legen und mit der Dille, Salz, Zucker und Pfeffer bestreuen. Das zweite Filet mit der Hautseite nach oben darauf legen und mit einem Brett und einem Stein beschweren. In den Kühlschrank stellen und den Fisch alle zwölf Stunden wenden. 48 Stunden lang! Dann aus der Beize nehmen und abtupfen. Fein aufschneiden und mit Hofmeistersoße und Weißbrot genießen.

Hofmeistersoße

Eine herrliche, pikante Soße zu kaltem Lachs, folgende Zutaten werden gut verrührt:
2 EL Estragonsenf, 2 EL Zucker, 2 EL heller Essig, 7 EL gutes, neutrales Öl, Salz, Pfeffer und viel frische, klein geschnittene Dille.

Die kleinen Mazarintörtchen, die wir in Mariehamn gern gegessen haben, studierte ich in ihrer Zusammensetzung genau. Zu Hause probierte ich eine große Version. Sie gelang sofort und schmeckte sehr fein. Das Rezept gebe ich gern weiter.

Mazarintorte aus Schweden

Für den Teig

150 g Butter od. Margarine
1 EL Zucker
1 Pkg. Vanillezucker
3 Eigelb
200 g Mehl
1 Prise Salz

Füllung

125 g weiche Butter
125 g Staubzucker
Vanillezucker
2 Eier
125 g geriebene Mandeln
2 EL Mehl
Schale und Saft von
1 Bio-Zitrone

Bereite einen Mürbteig und stelle ihn eine halbe Stunde in den Kühlschrank. Für die Füllung rühre die Butter mit Staub- und Vanillezucker sowie den Eiern schaumig, füge die Mandeln, das Mehl und Zitronenschale und -saft dazu.

Rolle den Teig im Durchmesser von ca. 30 cm aus und kleide eine gefettete Springform damit aus. Forme auch einen 2 cm hohen Rand. Gib die Mandelfüllung darauf und backe die Torte 40–50 Minuten bei 160–170 °C. In der Form auskühlen lassen.

Ich glaube, Köttbullar (man spricht: Schöttbüllar) ist das Nationalgericht der Schweden. Es ist einfach und schnell gemacht. Ob es die originale Version ist, so wie ich sie zubereite, weiß ich nicht. Diese Fleischbällchen schmecken jedenfalls hervorragend.

Schwedische Köttbullar

500 g gemischtes Faschiertes (manche nehmen nur Rinderfaschiertes)

1 große Zwiebel, Petersilie

Salz, Pfeffer

1 Ei

Öl zum Braten

(fertige) Rindsbratensoße

Schlagobers

Die Zwiebel fein reiben, Petersilie fein schneiden und alle Zutaten gut mischen. Kleine Kugeln formen (Hände immer wieder in Wasser tauchen) und in heißem Öl von allen Seiten gut rösten. Die Rindsbratensoße nach Packungsanleitung zubereiten und mit Schlagobers verfeinern.

Die Köttbullar in der Soße servieren. Dazu passen gut Kartoffelpüree und Preiselbeerkompott, aber auch gekochtes Gemüse (Brokkoli, Erbsen, Wurzelgemüse etc.) oder Salat.

15 Feste

Für mich waren Feste Einladungen von mindestens zehn Personen. Immer lag diesen Festen ein bestimmter Anlass zugrunde: Geburtstage, Nikolausfeste, Faschingsfeste, Hauskonzerte, laue Sommernächte, Schulschluss, Pensionsantritt etc. Meistens fanden die Feste bei mir zu Hause statt, manchmal auch in einem Gasthaus. Die Gäste wechselten je nach Anlass.

Waren es Kindergeburtstage, Nikolaus- oder Faschingsfeste, waren die Kinder die Hauptpersonen. Die Eltern, die sie abholten, wurden zuletzt ebenfalls ins Haus gebeten und bewirtet. Es waren alles in allem unzählige Feste.

Der Ablauf der Kinderfeste war gut organisiert. Als Lehrerin wusste ich, dass in einer Kindergruppe schnell Langeweile und Rivalität aufkommen und das Fest aus dem Ruder laufen könnte. Einmal, als meine Aufmerksamkeit gegen Ende eines Kinderfestes abgenommen hatte, fehlten allen selbst gebastelten Kasperlfiguren, auf die ich so stolz war, die Nasen!

So hatte ich eine Vielzahl von Spielen, Wettbewerben und Preisen parat. Immer unterbrochen von kleinen Jausen: Törtchen, Eis, abends dann die kleinen, obligatorischen Frankfurter, extra von der Fleischhauerei Pöchhacker für unser Fest produziert. Die Bäckerei Hartner lieferte kleine, handgemachte Semmerl. Danach ging es wieder mit den Spielen weiter. Ich leitete die Kinder mit sanftem Geschick, sodass nie Streit oder Gängeleien entstehen konnten.

Einige dieser Feste sind mir bestens in Erinnerung, so das Nikolausfest am 5. Dezember 1985. Das Haus war adventlich dekoriert, die Lebkuchen, der Glühwein für die Erwachsenen und der Kakao für die Kinder verströmten einen herrlichen Duft. Kerzen brannten. Die meisten eingeladenen Kinder waren noch klein, mein Sohn Uli war drei Jahre alt, seine Kindergartenfreunde ebenso. Mütter, Großmütter, manchmal auch Väter waren dabei.

Wolfgang, der Ehemann meiner Freundin Heidrun A., gab den heiligen Nikolaus. Bereits Wochen vorher hatten wir ein wunderschönes Nikolauskostüm genäht, weiß, rot, gold. Ein Besenstiel war mit Goldfolie überzogen worden, und gewisse Nikolausattribute hatten wir in der Papierhandlung Kappus zugekauft.

Mein Sohn Ulrich mit dem Nikolaus (1986).

Jede Mutter hatte dem Nikolaus für ihr Kind einen Text zu verfassen. Dieser Zettel wurde in seine große, rote Bibel gelegt. Der Nikolaus musste nur noch vorlesen, die Kinder loben oder leicht ermahnen und die Geschenke, die im großen Jutesack steckten, verteilen.

Es war eine Riesenfreude zu sehen, wie die Kinder ehrfürchtig vor dem Nikolaus standen und alles versprachen, was er ihnen an Belehrungen mitgab. Wolfgang war ein versierter Nikolaus, alles lief wie am Schnürchen.

Ein Jahr später war wieder Nikolausfest. Wieder alles so wie vor einem Jahr, oder fast alles.

Dieses Mal hatte Wolfgang keine Zeit. Wir mussten uns um einen Ersatz umsehen. Das war nicht so einfach, alle Nikoläuse unserer Stadt waren schon von anderen Familien engagiert worden. Im Kammerorchester Waidhofen fand ich einen: Georg, ein 17-jähriger Cellist. Er sagte zu.

Das Nikolauskostüm von Wolfgang war ihm etwas zu groß, wir verkleinerten es mit Sicherheitsnadeln. Schnell noch die eingesammelten Texte der Mütter in die Bibel legen, und los ging's. Die Nerven der Kinder waren zum Zerreißen gespannt.

Punkt 17 Uhr der große Auftritt. Georg ging mit einer leuchtenden Laterne auf der Terrasse hin und her, so als suchte er den Eingang. Endlich war der Nikolaus da! Wir alle sangen: »Nikolaus, komm in unser Haus!«

Der neue Nikolaus begrüßte die Kinderschar und fragte, ob alle auch schön brav gewesen seien. Dann rief er die Kinder einzeln auf, belehrte oder lobte sie und übergab die Geschenke.

Unter den Kindern war auch Jerome, der mit Uli in dieselbe Kindergartengruppe ging. Seine Mutter hatte zwar einen Text verfasst, dieser bestand aber nur aus Stichworten, vertrauend auf die Logik eines erfahrenen Nikolaus. Georg aber war unerfahren, zwar mit Kindern und ihren Eigenheiten vertraut, stammte er doch aus einer Familie mit zehn (!) Kindern, aber er war noch nie in die Rolle des Nikolaus geschlüpft.

Also – Jerome war an der Reihe. Da stand auf dem Zettel unter anderem das Wort »Schnuller« mit einem Rufzeichen. Damit war Georg überfordert. Was wollte Jeromes Mutter ihm damit sagen? Er begann zu stottern und erklärte dem Kind schließlich: »Jerome, du musst immer den Schnuller nehmen.« Wir gerieten alle in Schockstarre!

Jerome benutzte mit seinen vier Jahren immer noch einen Schnuller, und der Nikolaus sollte ihm diesen ausreden. Jerome war begeistert und nickte heftig. E., Jeromes Mutter, die hinter dem Nikolaus stand, flüsterte eindringlich: »Niiiiiicht! Niiiiiicht!« Darauf hob Georg noch einmal an: »Jerome, du musst niiiiicht den Schnuller nehmen!«

Der arme kleine Bub, er kannte sich nicht mehr aus. Sollte er nun oder sollte er nicht? Sein Geschenkesack tröstete ihn, und es wurde noch ein sehr lustiger Abend.

Zur Faschingszeit gab es bei uns jedes Jahr, solange die Kinder noch Freude am Verkleiden hatten, ein Faschingsfest. Franz, mein Mann, dekorierte aufwendig das Haus. Darin hatte er Übung, war er doch auch der Ballsaaldekorateur in seiner Schule.

Zu diesen Festen lieferte die Bäckerei Hartner herrliche kleine Faschingskrapfen und wiederum winzige Semmerl zu den Minifrankfurtern. Alle Kinder kamen natürlich hübsch verkleidet.

In Ulis Klasse gab es auch ein türkisches Mädchen, das beim Lernen Schwierigkeiten hatte und von der Lehrerin nicht besonders nett behandelt wurde. Sie war auch schon älter. Weil Uli seine Klassenkameradin mochte, lud er sie zum Faschingsfest ein.

Der Festbeginn war um 14 Uhr anberaumt. Ich war noch mitten in den Vorbereitungen, als es um 12.30 Uhr läutete. Das türkische Mädchen stand mit noch drei anderen Kindern vor der Tür. Sie waren nicht verkleidet, aber voller Freude und Erwartung. Uff!

Johanna, meine Nichte, wurde beauftragt, die neuen Gäste zu verkleiden. Es waren genug Kostüme aller Art in unserer Verkleidungskiste. Barbara, eine Freundin von Johanna, war ebenfalls früher gekommen, um zu helfen. Sie übernahm das Schminken der vier Kinder.

Ich selbst lief schnell zur nächsten Bäckerei und kaufte noch Krapfen und Semmeln. Leider bekam ich keine kleinen Stücke, ich musste große nehmen. Das Fest wurde wieder ein Erfolg.

Die Feste der Erwachsenen liefen etwas anders ab. Manchmal lud ich musikinteressierte Gäste zu einem Hauskonzert ein, in welchem mein Sohn, mittlerweile 14, 15, 16 Jahre alt, eines seiner neuen Programme vor Publikum spielen wollte. (Er war damals schon drauf und dran, Pianist zu werden, und er wurde es auch.) Danach gab es im Obergeschoß ein Buffet, genug zu trinken und gute Unterhaltung.

Einmal, es muss 2015 gewesen sein, luden mein Lebensgefährte Peter und ich wieder zu einem Hauskonzert ein. Dieses Mal spielte Peter am Klavier und ich auf der Geige. Zu dieser Zeit hatte ich bereits öfter bemerkt, dass Peter geistig ein wenig abbaute, immerhin zählte er 85 Jahre, und ich dachte mir, eine Aufgabe wie diese würde uns beiden guttun und Spaß machen.

Schon Wochen vor dem Konzert probten wir, es waren zwanzig kurze Stücke: »Aus der Heimat«, 1912 komponiert von František Alois Drdla, einem tschechischen Geiger. Sie waren nicht allzu schwer und passten sehr gut zu Peter, der in Prag geboren worden war. Spielen konnte er noch recht gut, aber er hatte tatsächlich schon

Peter bei einem unserer Hauskonzerte.

Schwierigkeiten, sich zu merken, wo und welcher Teil des Stücks wiederholt werden sollte.

Ein Sommernachtsfest blieb mir ebenfalls noch in Erinnerung (war es 1988?). Das Fest war in vollem Gang, und es war ein lauer Abend, was in unserer Gegend selten vorkam. Wir saßen im festlich beleuchteten Garten, als es läutete. Der Bundesminister für öffentliche Wirtschaft und Verkehr stand vor der Tür! Er: »Streicher, mein Name.« Ich: »Ja, ich kenne Sie, kommen Sie, wir sind gerade am Feiern.« Der Minister, auch ein großer Musikliebhaber, ging seinerzeit in Waidhofen an der Ybbs in die HTL. Wolfgang D. hatte ihn zu uns eingeladen, er kannte mich und wusste, dass ich mit solchen Überraschungen kein Problem hätte.

Eine festliche Tafel bei uns zu Hause.

Es wurde ein sehr interessanter und lustiger Abend. Damals schon riet der Minister uns, die unrentable Ybbstalbahn aufzugeben und in einen Radweg umzuwandeln. Es wäre zwar schade um die gemütliche Bahn, aber die meisten Leute aus dem Ybbstal fuhren ohnehin lieber mit dem eigenen Auto nach Waidhofen oder Amstetten.

Erst 32 Jahre später wurde die Idee mit dem Radweg entlang der Ybbs umgesetzt. Die Route ist 107 km lang, reicht von der Donau bis zum Lunzer See und weist kaum Steigungen auf. Ein prächtiges Natur- und Raderlebnis! Die Strecke zwischen Waidhofen und Lunz ist besonders schön, und viele Radfahrer besuchen seither unsere kleine Stadt. Ja, in Österreich dauert eben alles ein wenig länger.

Meinen 50. Geburtstag feierte ich zu Hause. Alle meine lieben Freunde, na ja, vielleicht nicht alle, aber die meisten, waren gekommen. Wir fühlten uns noch so jung und hatten so gute Laune. Ein Quiz gab es und Preise, Johanna sang auf meinen Wunsch mit dünner Stimme ihr witziges, selbst komponiertes und gedichtetes Lied: »Schwanz wacki, wacki ...« Es war urkomisch und meine Freundin Heidrun M., die das erste Mal bei einem meiner Feste dabei war, meinte, sie hätte noch nie so gelacht.

Zehn Jahre später feierten Monika, eine Kollegin an der Hauptschule Ybbsitz, wo auch ich seit 2003 unterrichtete, und ich im Keller des »Steirerhimmels« unseren 60. Geburtstag. Es war Anfang Dezember, so um die Nikolauszeit. Wir hatten dazu alle unsere Freunde und Kollegen eingeladen. Das war ein bunt zusammengewürfelter Haufen! Margit, die Wirtin, hatte ein wunderbares Buffet hergerichtet.

Was unsere Gäste nicht wussten – ich hatte meine Freundinnen Rosemarie und Brigitte gebeten, als Nikolaus und Krampus zu erscheinen. Das war ein Hallo, als der Nikolaus erschien. Wie es sich gehört, redete er allen ins Gewissen, und dann bekam jeder ein Nikolaussäckchen.

Rosemarie war ein versierter Nikolaus, sehr authentisch, einmalig. Zum Beispiel sagte sie: »So, jetzt brauch' ich ein braves Buberl,

Meine Freundinnen Rosemarie und Heidrun M. als Wahrsagerinnen bei meiner Pensionsfeier.

welches mir den Stab hält.« Der Direktor meldete sich daraufhin. Oder sie meinte, während sie einem Kollegen liebevoll über die Glatze strich: »Komm näher, mein liebes Kind!« Brigitte ihrerseits, als kleiner Teufel, kitzelte die Festgäste mit der Rute.

Meinen Abschied aus dem Berufsleben feierte ich erneut bei Margit, der Wirtin. Diesmal waren nur meine Kollegen eingeladen, und auch dieses Fest wurde ein Knüller. Ohne uns abgesprochen zu haben, sangen die Kollegen und ich abwechselnd sogenannte Gstanzln, in denen wir uns gegenseitig lobten und lustige Ereignisse aus dem Schulalltag wieder aufleben ließen.

Nachdem wir dem Buffet ordentlich zugesprochen hatten, gab es noch eine Überraschung. Meine Freundinnen Rosemarie und Heidrun M., verkleidet und geschminkt als Wahrsagerinnen, erschienen mit allen entsprechenden Attributen: Glaskugel, Würfel, winzige Püppchen, Steine etc. Sie redeten in einer Art »rumänischer Wahrsagersprache«, das klang unglaublich komisch.

Sesamknöpfe, bitte zugreifen!

Die beiden weissagten jedem Kollegen harmlose Dinge, aber auch solche, die sie »in Angst und Schrecken« versetzten, nämlich dass sie nach meinem Ausscheiden aus dem Schuldienst Musik und Zeichnen unterrichten müssten. Für die meisten wären das wahre Horroraussichten gewesen!

Viel zu schnell sind weitere zehn Jahre ins Land gezogen. Peters 90. und mein 70. Geburtstag fielen leider in die Zeit der Corona-Pandemie. Immer dachten wir, wir könnten unsere Geburtstage bald nachfeiern. Aber Peter war mittlerweile gestorben (9. 8. 2021), und ohne ihn will mir das Feiern nicht so wirklich gelingen.

Hier eine Auswahl meiner Rezepte, die sich für festliche Buffets eignen

Zu einem guten Buffet gehören verschiedene Käsesorten und Aufstriche, Eier, Butter, Gemüse wie Radieschen, Tomaten, Gurkenscheiben, bunte Paprika, gutes Gebäck etc.

Sind vorrangig Erwachsene zu Gast, gibt es zum Aperitif stets etwas Pikantes zum Knabbern.

In diesem Sinn bereite ich zum Beispiel gern Sesamknöpfe, sie sind bekömmlich und schmecken.

Sesamknöpfe

Zutaten für 40 Stück

120 g Butter

40 g Weizenkleie

100 g Mehl

100 g Topfen (20 %)

1 TL Gewürzsalz

½ TL Backpulver

Sesam zum Bestreuen, Dottermilch zum Bestreichen

Die Zutaten zu einem Teig verkneten, 20 Minuten rasten lassen.

Auf einem Brett 1 cm dick ausrollen und kleine runde Formen ausstechen (ich rolle kleine Kugerl, die Knöpfe gehen ziemlich auf). Mit Dottermilch bestreichen und mit Sesam bestreuen.

Die Backzeit im vorgeheizten Ofen beträgt acht Minuten bei 200 °C.

Schinkenkipferl

1 Rolle Blätterteig

einige Scheiben Schinken fein gewürfelt

etwas fein gehackte Zwiebel

Frischkäse

etwas geriebener Käse

fein gehackte Petersilie

Salz

Pfeffer; Dottermilch zum Bestreichen

(Schwarz-)Kümmel und Sesam zum Bestreuen

Mische für die Füllung alles gut.

Breite den Blätterteig aus, schneide ihn der Länge nach in drei Streifen. Daraus schneide Quadrate und diese schneide noch einmal diagonal durch. Nun gib etwas Fülle darauf und rolle diese Dreiecke von der längeren Seite her auf. Forme kleine Kipferl, indem du die Ecken etwas einbiegst.

Mit Dottermilch bestreichen und mit Sesam, Kümmel oder Schwarzkümmel bestreuen.

Bei 200 °C zehn Minuten backen und dabei gut beobachten, die Kipferl sollen goldgelb sein. (Auch die Unterseite soll gut gebacken sein.)

Orientalische Fleischbällchen

Faschiertes

Zwiebeln, Petersilie, Rosinen (alles fein zerkleinert)

etwas Semmelbrösel, Salz, Pfeffer, Garam Masala, Sambal Oelek (scharf, nicht zu viel), ev. auch fein geriebene Karotten und klein geschnittenen Lauch

Mische alle Zutaten. Forme kleine Kugeln (Durchmesser ca. 2,5 cm) und brate sie in Öl gut durch.

Dazu schmeckt herrlich ein selbst gemachtes Apfel-Chutney.

Apfel-Chutney

2 kg Äpfel geschält und geviertelt

25 dag Zwiebeln (in Achtel geschnitten)

7 Knoblauchzehen

50 dag gehäutete Tomaten

50 dag grüne und rote Paprika grob geschnitten

5 dag fein geschnittener Ingwer

50 dag Rosinen

35 dag brauner Zucker

¼ l Weinessig

1 EL Salz

2 EL Senfkörner

2 EL Kurkuma

10 Gewürznelken

2 EL weißer Pfeffer ganz

3–4 zerkl. Chilischoten (oder 1 EL Sambal Oelek)

Immer eine delikate Zugabe: Apfel-Chutney, selbst gemacht.

Alle Zutaten in einem säurebeständigen Topf unter Rühren aufkochen. Im offenen Topf bei kleiner Hitze unter gelegentlichem Rühren ca. 1,5 Stunden kochen. Danach in saubere Schraubgläser füllen.

Wenn du nicht alles in einen Topf bringst, verteile die Mischung auf zwei große Töpfe. Die Masse fällt rasch zusammen, dann gieße alles in einen Topf um und koche weiter.

Glaube mir, die aufwendige Arbeit lohnt sich.

Das Chutney schmeckt zu Käse, zu Schnitzel, Fleischlaibchen, zu Leberpastete und Schinken.

Für Fleischliebhaber hier auch das einfache Rezept meiner

Hühnerleberpastete

Hühnerleber

Gemüsebrühe
(oder Suppenpulver)

Salz, gemahlener Pfeffer

2 Blätter frischer Salbei

2 EL (oder mehr)
weiche Butter

Petersilie

ganze rosa Pfefferkörner

2 EL (oder mehr)
Preiselbeermarmelade

Koche die Hühnerleber in Gemüsebrühe, bis sie gar ist (geht schnell).

Gib die Leber in einen Mixbecher und füge Salz, gemahlenen Pfeffer, Salbei und Butter hinzu. Zerkleinere alles mit dem Pürierstab.

Danach gib Petersilie, rosa Pfeffer und Preiselbeermarmelade hinein. Zuletzt gut abschmecken.

Oft gibt es bei mir Matjes nach Hausfrauenart, die Peter so gerne aß.

Matjes nach Hausfrauenart

2 Packungen Matjesfilets
(gute Qualität, leider gibt
es bei uns keine frischen)

1 Becher Sauerrahm

½ Becher Joghurt

1 säuerlicher Apfel in
kleine Stücke geschnitten

1 Zwiebel fein geschnitten

Salz, etwas Essig,
wenig Zucker oder
Agavensirup

Dillspitzen

Wässere die Fischfilets und schneide sie in Stücke. Mische sie vorsichtig mit allen übrigen Zutaten.

Serviere sie kalt.

Gern kredenze ich

Karamellisierte Karotten oder Karottensalat

Schäle Karotten, schneide sie in 1 cm dicke Scheiben und koche sie bissfest in Salzwasser. Gib etwas Öl in eine Pfanne und lass darin 2 EL Rohrzucker schmelzen, dann füge die abgeseihten Karotten hinzu und brate sie kurz. Danach abschmecken (Salz, Pfeffer, ev. etwas Zitronensaft).

Streue Sesam und fein gehackte Petersilie darüber. Für den Karottensalat verwende zusätzlich noch etwas Essig.

Großen Anklang findet immer ein Teller

Mozzarella mit Tomaten

Reife, aromatische Tomaten, Büffelmozzarella, Salz, etwas Essig, feines Olivenöl, frisches Basilikum

Schneide die Tomaten und den Mozzarella in Scheiben, lege sie dachschindelartig auf einen Teller, salze nach Geschmack und gib Essig und Olivenöl darüber. Die abgezupften Basilikumblätter kommen als Garnierung obendrauf.

Ein einfaches, beliebtes Rezept!

Eiaufstrich

Hart gekochte Eier, weiche Butter, etwas Frischkäse, Salz, Pfeffer und Petersilie (oder Schnittlauch) mit dem Pürierstab vermischen. Schnittlauch darüber, fertig!

Gefüllte Eier

Halbiere hart gekochte Eier, nimm vorsichtig den Dotter heraus und mixe daraus eine Creme mit Gewürzen, ähnlich dem Eiaufstrich. Fülle diese Creme in die ausgehöhlten Eiweißhälften. Wenn du Lust und Zeit hast, verwende zum Füllen einen Dressiersack mit gezackter Tülle. Das sieht besonders appetitlich aus. Gib oben noch halbierte gefüllte Oliven darauf.

Auch die Desserts kommen nicht zu kurz bei meinen Buffets. Immer wieder bereite ich kleine Schalen mit »Kosmos«. Diesen Namen vergab einst Patricia Kopatchinskaja (Geigerin, heute ein Star auf allen großen Bühnen der Welt – es lohnt sich, im Internet nach ihr zu suchen), die oft bei uns zu Gast war und dieses Dessert so herrlich fand. Es ähnelt dem italienischen Tiramisu und ist einfach und schnell gemacht.

Patricia rief mich Jahre später an und bat mich um das »Kosmos«-Rezept. Sie wollte es den Studienkollegen und ihrem Professor in der Schweiz servieren. Das luftige, süß-fruchtige Dessert ist ihr nachhaltig in Erinnerung geblieben.

Kosmos

Bäckerbiskotten

gutes Vanillejoghurt

Schlagobers

etwas Milch mit Rum

Himbeeren oder eine säuerliche rote Marmelade (ich bereite gern vorher eine frische Himbeermarmelade zu)

Schlage das Schlagobers und vermische es mit dem Vanillejoghurt (1:1). Tunke zunächst ein bis zwei Biskotten kurz in die Rummilch. Halbiere sie und lege sie in ein kleines Glas oder in eine Dessertschale. Darauf kommt etwas Vanillecreme, danach folgt eine Schicht Himbeeren (oder Himbeermarmelade).

Dann wieder von vorn: getunkte Biskotten, Vanillecreme, Himbeeren – sooft du willst bzw. bis das Glas voll ist.

Lege obenauf einige frische Himbeeren als köstliche Garnierung.

Die Mutter meiner Freundin Heidrun A., die bei einem unserer Nikolausfeste zu Gast war, brachte einen Teller Nuss-Schaumkipferl mit, die köstlich schmeckten. Ich bat sie um das Rezept, hier ist es:

Nuss-Schaumkipferl

(auch als »Burgenländer Kipferl« bezeichnet)

350 g glattes Mehl

2 Dotter

250 g Margarine

1 Prise Salz

1 Pkg. Germ (42 g) in 5 EL warmer Milch aufgelöst

FÜR DEN SCHAUM:

3 Eiklar

250 g Kristallzucker

1 Pkg. Vanillezucker

grob geriebene Nüsse

Einen Germteig abschlagen und zwei Stunden oder über Nacht kalt rasten lassen.

Für die Fülle (Schaum) die Eiklar mit dem Kristall- und Vanillezucker über Dunst zu Schnee schlagen.

Den Teig in vier Teile teilen, zu Rechtecken ausrollen, den festen Schnee aufstreichen, mit geriebenen Nüssen bestreuen und eng einrollen.

Mit einem Krapfeneisen oder (Wein-) Glas Halbmonde herunterstechen.

Ca. 15 Minuten bei 175 °C backen.

Mit Staubzucker und Vanillezucker bestreuen.

Diese Mohntorte ist unbedingt einen Versuch wert.

Meine Mohntorte ist auf jeder Kaffeetafel, aber auch als festliche Nachspeise eine willkommene Abwechslung.

Mohntorte

14 dag weiche Butter
5 Dotter
18 dag Zucker
18 dag geriebener Mohn
7 dag Mandeln
Schnee von 5 Eiklar
Vanillezucker
2 EL Rum
etwas Zimt
Marmelade zum Füllen
Zucker zum Bestreuen

Butter, Dotter, Zucker schaumig rühren. Geriebenen Mohn und geriebene Mandeln sowie den Schnee und die Aromen dazugeben.

Die Masse in einer gefetteten und bemehlten (ich nehme immer Semmelbrösel) Tortenform bei 200 °C ca. 40–50 Minuten (die letzten fünf Minuten stromlos) backen.

Auskühlen lassen, einmal waagrecht durchschneiden und in der Mitte mit säuerlicher Marmelade füllen. Die Torte wieder zusammensetzen und überzuckern. Auf Wunsch mit Schlagobers servieren.

Eine leichte, wunderbar schmeckende Nachspeise sind

Zitronenschnitten

Zutaten für ca. 12 Stück

Für die Füllung bzw. die Creme:

60 g Butter

125 g Zucker

Saft und Schale von 1 unbehandelten Zitrone

4 Eigelb

250 ml Schlagobers (oder etwas weniger)

Zutaten Baiser:

4 Eiweiß

160 g Zucker

Mandelblättchen zum Bestreuen

Außerdem: Butter oder Margarine für das Backpapier (wichtig, sonst klebt das Baiser an), Staubzucker zum Bestreuen

Für die Creme lass die Butter in einem Topf zergehen, gib Zucker, Zitronensaft und -schale dazu und rühre das Eigelb unter. Die Masse im Wasserbad bei geringer Hitze mit einem Schneebesen rühren, bis sie eindickt. Nicht kochen! Auskühlen lassen und geschlagenes Obers unterziehen.

Für das Baiser den Ofen auf 160 °C (Umluft) vorheizen. Das Backpapier mit Butter oder Margarine einfetten. Eiweiß und Zucker steif aufschlagen. Den Eischnee sodann auf dem Papier verstreichen und mit Mandelblättchen bestreuen. Im vorgeheizten Rohr ca. 8 Minuten backen, danach die Temperatur auf 120 °C reduzieren und mindestens 20 Minuten oder länger weiter backen (das Baiser soll schön trocken sein). Vom Papier abziehen und auskühlen lassen.

Das Baiser halbieren und die Creme auf eine Hälfte streichen, die andere Baiserhälfte darauf legen. In Stücke schneiden und anzuckern.

Von den feinen Zitronenschnitten zeigt sich jeder Besuch begeistert.

Das Rezept des Gesundheitslebkuchens bekam ich von Erika, der Pflegemutter des Schnuller-Kinds Jerome (siehe Kapitel »Feste«). Der Lebkuchen schmeckt sehr gut und ist auch gesund, dank Vollkornmehl und Honig. (Es eignet sich besonders für weihnachtliche Einladungen und Feiern.)

Gesundheitslebkuchen

4 Eier

10 dag Honig

20 dag Aranzini (möglichst klein)

20 dag geriebene Nüsse

33 dag Rohrohrzucker

1 Pkg. Lebkuchengewürz

56 dag Weizenvollkornmehl

1,5 TL Natron

Alle Zutaten außer dem Mehl schaumig rühren, dann das Mehl dazu.

Alles gut vermischen und den Teig zwölf Stunden (oder länger) rasten lassen.

Danach ausrollen, mit Formen nach Belieben ausstechen, mit Ei bestreichen und mit Nüssen belegen.

Bei 180 °C vorsichtig backen, es geht schnell, er darf nicht braun werden. Den Backvorgang also gut beobachten!

Eine lustige Geschichte rankt sich um meine gezuckerten Kekse, die ich gern als kleine, süße Köstlichkeit serviere oder auch oft als Mitbringsel herschenke.

1989 fuhren wir in den Sommerferien mit zwei anderen Familien mit kleinen und größeren Kindern nach Griechenland.* Weil Stefan Geburtstag hatte, wollten wir auf dem Strand ein Picknick veranstalten. Auch Süßes sollte dabei sein, doch gab es in unseren Ferienwohnungen keine Öfen mit Backrohr. So gingen wir zum nächsten Bäcker, um uns dort mit Mehlspeisen einzudecken.

Da dies aber ein winziger Betrieb war, weit entfernt von einer größeren Siedlung, hatte der Bäcker kaum etwas Süßes anzubieten. Lediglich lagen ovale Kekse in seiner Vitrine. Diese sahen recht gut aus und wir beschlossen, 30 Stück zu kaufen. Schnell schlugen wir in unserem Wörterbuch nach, was 30 auf Griechisch heißt: »Trianta«.

Trianta-Kekse passen immer und jederzeit. Sie eigenen sich auch perfekt als süßes Mitbringsel.

Also orderten wir »trianta« solcher Kekse. Die Frau des Bäckers, die uns bediente, schaute uns ungläubig an und fragte mehrmals: »Trianta?« Wir nickten. 30 Stück, wer kauft so viele? Vermutlich dachte sie, wir Touristen hätten uns geirrt.

Sie holte ihren Mann, und wieder fragten beide noch mehrere Male, bis wir schließlich mit den Fingern erklärten, dass wir wirklich diese Anzahl kaufen wollten.

Während das Backwerk in einen Sack eingeschlichtet wurde, blickte uns die Bäckersfrau noch immer skeptisch an. Wir nickten erneut, dann zahlten wir.

Die Kekse schmeckten herrlich: Butter, Zucker, Mehl, verschiedene Aromen (Vanille etc.), grob zerkleinerte Mandeln, alles dick mit Zucker bestreut. Wir hatten keine Mühe, die 30 Stück aufzuessen.

Zu Hause fand ich im Kochbuch meiner Mutter ein Rezept, das diesen Keksen am ähnlichsten war – der Teig der »Ischler Krapferl«. Diese werden üblicherweise mit Marmelade gefüllt, mit Schokoglasur überzogen und mit einer Haselnuss verziert. Auf dieser Basis buk ich meine »Trianta«-Version, die schlichter ist: ungefüllte Mandelteigkekse, dick mit Zucker und Vanillezucker bestreut, und um nichts weniger gut als das Original.

Trianta

140 g Butter

140 g Mehl

90 g grob gemahlene Mandeln

70 g Staubzucker

1 Pkg. Vanillezucker

Staubzucker und Vanillezucker zum Bestreuen

Mische die Teigzutaten, walke aus (½ cm dick!), stich kleine Scheiben aus und backe sie (geht schnell) bei 180 °C.

Danach sofort gut überzuckern und auskühlen lassen.

---

* Bei der Heimfahrt von Griechenland im Sommer 1989 wurden wir Zeugen einer Begebenheit großer geschichtlicher Bedeutung, die wir in diesem Moment aber nicht als solche erkannten. Da wir mit dem Auto unterwegs waren, mussten wir einige Grenzübergänge passieren. An einem ungarisch-österreichischen Grenzposten gerieten wir in einen Stau von sonderbaren kleinen Autos, die wie Spielzeugautos wirkten. Es waren ausnahmslos Wagen der Marke »Trabant« mit ostdeutschen Kennzeichen. Die Insassen waren vorwiegend junge Leute.

Wir konnten uns die Situation nicht erklären. Wir wussten, dass im Juni 1989 Ungarn und Österreich den Eisernen Vorhang durchtrennt hatten. Erst später erfuhren wir in den Nachrichten, was es damit auf sich gehabt hatte: Ungarn hatte die Grenze zu Österreich auch für die »Urlauber« aus dem Osten (damals durfte die ostdeutsche Bevölkerung nur in kommunistischen Ländern Urlaub machen) für kurze Zeit geöffnet. Erst am 11. September war dann Ungarns Westgrenze für alle offen. Auf diese Weise gelang sehr vielen Ostdeutschen, noch bevor die Berliner Mauer am 9. November 1989 fiel, die Flucht in den Westen. Die politische Wende in Ungarn trug auch dazu bei, dass das kommunistische System zusammenbrach.

16 Gäste aus aller Herren Länder

Solange Peter den Kirchenchor in unserer Stadtpfarrkirche in Waidhofen leitete, stellten die hohen katholischen Feiertage für mich eine Herausforderung in logistischer Hinsicht dar. Er war bei seinen musikalischen Messen sehr anspruchsvoll. Es mussten bedeutende sein, von Haydn, Schubert, Beethoven, Otto Nicolai, Dvořák, Mozart. Da konnte er sich austoben.

Nur: Die Musiker unserer Stadt waren oft nicht in dieser Häufung und mit jenem Können greifbar, wie Peter es für die großen Werke gern gehabt hätte. So griff er auf seine »Studenten« aus Wien zurück, allesamt längst erfolgreiche Sänger und Instrumentalisten (viele wurden später Weltstars).

Aber wohin mit den vielen Leuten von der Generalprobe am Freitag bis zum Hochamt am Sonntag? Ach, Peter, jovial wie immer, lud sie einfach in mein Haus ein. Es gab ja genügend Platz bei Wilma, und sie kochte ja so gerne. Sie fielen wie die Heuschrecken ein, jung, hungrig und eben Musiker. Das bedeutete für mich schon Tage, ja Wochen vorher eine große logistische Aufgabe. Solche Feiertage mussten küchen-, aber auch haushaltstechnisch wohlüberlegt sein. Zu Weihnachten und Ostern sollten auch noch Geschenke für die jungen Leute besorgt werden. Wie sollte man am 24. Dezember mit ihnen ohne Geschenke feiern? Oder Ostern, ohne Osterhasen und Eiersuchen?

Die Musiker stammten allesamt aus Ländern im Osten, wie der Slowakei, Bulgarien, Moldawien, Ukraine, Japan, Korea. Sie fuhren zu den Feiertagen nicht nach Hause, schon gar nicht, wenn sie von Prof. Peter Richter eingeladen worden waren.

Viele Tage vorher kaufte ich also groß ein, es wurde gekocht, eingefroren, gebacken. Brot, pikante Snacks, Kuchen, Torten, Kekse,

Unsere Freundin Patricia Kopatchinskaja, längst eine weltbekannte Geigerin, bei der Weihnachtsmesse in der Stadtpfarrkirche in Waidhofen an der Ybbs (1993).

je nach Feiertagen und Tradition. Der süße Germstriezel durfte nie fehlen, und da brauchte ich schon mehrere von dieser Sorte.

Meine Nichte Johanna und mein Sohn haben diese Tage immer sehr genossen. Es gab plötzlich junge Leute, die mit ihnen musizierten, Tischtennis spielten und Wanderungen unternahmen. Bei den Aufführungen der Messen nahmen beide auch teil, sie spielten schon tüchtig Geige.

Meine Nerven waren oft zum Zerreißen gespannt. Ich war verantwortlich, dass es den Gästen an nichts fehlte, dass eine gemütliche und fröhliche Atmosphäre im Haus herrschte. Peter, der immer sehr nervös war und dem bis zur Aufführung nichts passte, musste auch beruhigt werden. Überall vermutete er Hindernisse, die ihm der neue Pfarrer bis zum endgültigen Erfolg in den Weg legen könnte. Dann konnte Peter nicht schlafen, und am Aufführungstag eilte er schon frühmorgens um 6 Uhr auf den Chor der Kirche. Dort ordnete er die Noten, stellte die Pulte und Sessel auf, die bei der vorangegangenen Mette am 24. Dezember oder bei der Osternachtsfeier durcheinandergeraten waren. Er war dann fix und fertig, und es dauerte eine Weile, bis er sich wieder entspannte. Wir alle verließen um 10 Uhr das Haus. Um 10.30 Uhr begann das Hochamt.

Es war jedes Mal ein erhebendes Erlebnis, diese wunderschönen Messen zu spielen. Hinterher gratulierten die Gläubigen den Musikern und Sängern. Sie ahnten nicht, welche Strapazen vorher zu bewältigen gewesen waren. Oft wurde nach dem letzten Akkord in der Kirche applaudiert. Ob das dem neuen Pfarrer gefallen hat? Da bin ich mir nicht so sicher.

Danach ging's nach Hause. Dort warteten im warmen Backrohr schon die gebratenen Hühner oder zwei große Rindsbraten in Römertöpfen (diese eignen sich für solche Gelegenheiten optimal, es kann nichts anbrennen). Gemüse und Kartoffeln oder Nudeln waren schnell gewärmt. Für den Salat war schon vor der Messe alles hergerichtet gewesen. Zum Auftunken der herrlichen Bratensoßen gab es natürlich viel Weißbrot.

Mit Bier und Wein wurde auf die gelungene Messe angestoßen, hitzig über dieses und jenes diskutiert bzw. darüber, was musikalisch gut oder weniger gut gelaufen war. Kaffee und Torte mussten sein.

Peter und ich waren erledigt, die Gäste hingegen gingen auf den nahen Buchenberg wandern oder spielten Tischtennis im Keller. Die jungen Leute hatten noch so viel Energie!

Einmal stand wieder eine große Ostermesse auf dem Programm. Peter hatte viele Studenten eingeladen, auch ein koreanisches Sängerpaar mit mehreren Kindern war dabei. Da sehr viele Leute zum Mittagessen zu erwarten waren, half mir meine bosnische Freundin Safeta bei den Vorbereitungen. Sie kochte wunderbar und hatte ein großes Vorspeisenbuffet hergerichtet.

Unser Haus stand immer offen für die musikalische Jugend. Vorn ist wiederum Patricia zu sehen (1997).

Vor dem Essen ging es noch ans Eiersuchen. Da schlechtes Wetter herrschte, waren die kleinen Osterpräsente schon frühmorgens im Haus versteckt worden. Meine Freundin Heidrun, die mir als Hilfe zur Seite stand, erklärte allen Gästen eindringlich, wie und was zu suchen sei. Die Suche gestaltete sich zu einer skurrilen Angelegenheit, denn die Koreaner hatten keine Ahnung, worum es sich dabei handeln sollte. Sie waren noch nicht lange in Europa und in keiner Weise mit den Gebräuchen vertraut. Vielleicht hatten sie auch die Erklärung wegen mangelnder Deutschkenntnisse nicht verstanden. Sie irrten im Haus umher und trauten sich nicht hinter Schränke und Kästen, Kisten und Vorhänge zu schauen. Manches Dekoobjekt hielten sie für ein Ostergeschenk und blickten verstohlen zu Heidrun, die den Kopf schüttelte oder nickte.

Als alle ihre Ostereier gefunden hatten, wurde die Vorspeisenplatte aufgetischt. Safeta hatte sich dabei selbst übertroffen. Jeder langte ordentlich zu, der Hunger war groß, denn es war schon fast 14 Uhr.

Der Appetit unseres koreanischen Sängers war außerordentlich. Er aß und aß, bis alles von der Vorspeise aufgegessen war. Dann kam die Hauptspeise. Mir ist entfallen, was es gab, Safeta hatte sicherlich etwas Wunderbares gekocht. Als Kim – ich glaube, so hieß er – bemerkte, dass es erst so richtig losginge, schlug er die Hände über dem Kopf zusammen und entschuldigte sich mit unzähligen Verbeugungen für seine Gier. Er hätte gern weitergegessen, aber in seinem Magen war kein Platz mehr, er war satt.

Ein »besonderer Fall« war unser Freund Nayden aus Bulgarien. Er studierte Dirigieren in Wien, war überaus talentiert und spielte sehr gut Klavier. Peter erkannte sein Talent, aber auch seinen finanziellen Mangel. So lud er ihn ein, und Nayden wurde für uns wie ein zweiter Sohn. Wenn er Geld hatte, fuhr er mit dem Zug zu uns und verbrachte ein gemütliches Wochenende. Mein Sohn Ulrich und Nayden waren unzertrennlich. Tagelang spielten sie Klavier, komponierten und unterhielten sich über Musik. Dafür bekam Nayden ein wenig Geld und wurde gut verpflegt.

Nayden war immer sehr hungrig. Wovon er sich in Wien ernährte, war mir schleierhaft. Er war mager und schlecht gekleidet. So kaufte ich für ihn Kleidung, und Bojidara Kouzmanova, seine damalige Freundin und heute eine berühmte Geigerin, kaufte ihm Schuhe.

Unser Freund Nayden aus Bulgarien und ich.

Wieder einmal war Ostern, oder Weihnachten. Das Haus war voll und ich hatte zum Abendessen zwei große Pfannen Krautrouladen aufgetischt. Das war genau nach dem Geschmack unserer osteuropäischen Freunde. Sie aßen, was das Zeug hielt, dazu zwei große Weißbrotwecken (natürlich selbst gebacken).

Einige Rouladen waren übrig geblieben, auch einige Brotschnitten waren noch da. Am Morgen, als ich das Frühstück richten wollte, bemerkte ich, dass die Krautrouladen samt Soße verschwunden waren. Nayden war in der Nacht aufgestanden und hatte alles aufgegessen! Neben die leere Pfanne hatte er einen Zettel gelegt, auf dem stand: »Sorry«. Ich freute mich sehr, dass es ihm offensichtlich geschmeckt hatte.

(Nayden Todorov kehrte nach dem Studium in Wien, wo er auch Schüler von Peter gewesen war, und nach Studienaufenthalten in Israel etc. wieder in seine Heimat zurück und wurde Dirigent des Sofia Philharmonic Orchestra (Nationalorchester), Direktor von der Oper in Ruse etc. Und kürzlich las ich im Internet, dass er im Februar 2023 zum Kulturminister in Bulgarien ernannt worden war. Er leitet nach wie vor sein Orchester, auch ist er in seiner Heimat als Schriftsteller bekannt (Buch: »A Breath of Angels«) und moderiert Sendungen über Musik im bulgarischen Fernsehen. – Ich bin sehr stolz auf meine Freunde, die so erfolgreiche Musiker geworden sind.)

Es gab eine Zeit, da kam Bajar, ein reicher Palästinenser, häufig zu Peter zu Besuch. Bajar hatte in den USA Dirigieren studiert und reiste auf der Suche nach einem Engagement durch die ganze Welt. Er bewunderte Peter sehr. Auf seiner Suche landete er immer wieder bei uns. Jedes Mal wohnte er im noblen Schlosshotel unserer Stadt, Bajar musste also Geld gehabt haben.

Ich erwähnte schon, dass Peter keine Ahnung vom Kochen hatte. Wie groß diese Ahnungslosigkeit sein konnte, zeigte sich bei folgender Gelegenheit: Bajar hatte sich wieder einmal angekündigt. Ich aber war zu einer Geburtstagsparty eingeladen und stand daher als Köchin für das Mittagessen nicht zur Verfügung. So bereitete ich alles aufs Genaueste vor: Ich instruierte Peter, wie er frischen Lachs in Butter lind anbraten sollte. Knoblauch war schon vorbereitet, ebenso Salat, Marinade, Weißbrot. Als der Gast kam, begann Peter den Lachs anzubraten. Er briet und briet, bis der Fisch total verkohlt war.

Als ich wieder zu Hause war und fragte, wie es geschmeckt hätte, meinte Bajar: »Wir haben nichts gegessen, wir hatten keinen Hunger.« Die schwarzen, verbrannten Lachsstücke lagen im Abfall.

Mit Kopfschütteln, aber auch einem Schmunzeln blicke ich auf eine ähnliche Begebenheit zurück: Wenn ich Brot backe, stelle ich die Schüssel mit dem fertig gekneteten Teig zum Aufgehen gern in einen großen Nylonsack. Ich hatte es einmal wieder sehr eilig und bat Peter, er möge den fertigen Teig zum Aufgehen in den Plastiksack geben. Natürlich meinte ich die Schüssel mit dem Teig! (Er musste das doch schon oft beobachtet haben, dachte ich.) Doch Peter nahm alles wörtlich, schabte mühevoll den Teig aus der Schüssel, steckte ihn in den Nylonsack und verzurrte diesen fest. Dann wunderte er sich, dass der Teig nicht aufging.

Bei den meisten Studenten war Peter sehr beliebt. Er benotete nur mit »Sehr gut« oder »Gut«. Kamen Studenten nicht in den Unterricht, wurden sie nicht benotet. Viele Studenten, besonders jene aus Asien, holten sich gern Rat bei ihm. Oft besuchten sie Peter noch, obwohl sie schon lange in Japan oder Korea berufstätig waren. Auch Peter unternahm einmal eine Reise nach Japan und Korea. Er wurde dort wie ein Star gefeiert.

Oft schickten ihm seine ehemaligen Studentinnen CDs und Noten mit ihren eigenen Kompositionen, dazu Fotos von Konzerten, in denen sie aufgetreten waren.

Naoko, Haeok und Kyung-suk aus Japan und Korea, ehemalige Studentinnen der Musikhochschule Wien.

Einmal hat Naoko, die Japanerin, Peter gebeten, er möge vier Haikus (dreizeilige japanische Gedichte mit kompliziertem Rhythmus) aus dem elften Jahrhundert vertonen: für Klavier, Koto (Wölbbrettzither, japanisches Zupfinstrument) und Gesang.

Naoko schickte ihm den japanischen Text in Lautschrift und eine einfache Übersetzung des Inhalts in deutscher Sprache. Peter vertonte die Gedichte (siehe auch nächstes Kapitel) und dichtete selbst Haikus mit diesem Inhalt auf Deutsch. Daraufhin organisierte er im Pfarrsaal unserer Stadt ein Konzert. Eine japanische Gesangsstudentin aus Wien wurde ausfindig gemacht, die diese Stücke singen sollte.

Mit dabei waren auch Naoko und Haeok, Freundinnen seit ihren Wiener Studienzeiten, aus Japan und Korea angereist. Die Koto-Spielerin hatten sie nicht mitgenommen. Das war schade, denn das Koto, dieses bei uns unbekannte Instrument, wäre sehens- und hörenswert gewesen. Peter musste daher in Eile die Kotostimme in die Klavierstimme übertragen.

Naoko und Haeok begleiteten die Sängerin am Klavier und spielten noch einige Stücke vierhändig und auch solistisch. Alle traten in Kimonos auf, was den Reiz noch erhöhte.

In der Pause gab es Köstlichkeiten, extra aus Asien mitgebracht. Die Konzertbesucher waren sehr überrascht, darauf waren sie nicht vorbereitet gewesen. Ich steuerte meine Trianta-Kekse bei. Die Veranstaltung war ein Erfolg, musikalisch und kulinarisch.

Zu diesem Konzert hatte Naoko auch ihre ganze Familie mitgebracht: Mutter, Vater, Tante, Cousine samt Mann und deren zwei Kinder.

Spontan kündigte sich am Vorabend auch noch Hanaka, eine Freundin von Naoko, an. Einfach so, nur schnell einmal von Japan nach Waidhofen an der Ybbs zu einem Konzert ihrer Freundin! Ja, so sind sie, die Asiaten, kurz entschlossen und mobil!

Hanaka war am Abend in Wien gelandet und Naoko hatte ihr genau beschrieben, wie sie nach Waidhofen gelangte: vom Flughafen in Schwechat in die Wiener Innenstadt zum Westbahnhof und mit den ÖBB nach Amstetten. Dort müsste Hanaka umsteigen und würde, wenn sie Glück hätte, noch den letzten Personenzug ins Ybbstal erreichen.

In unserer Stadt gibt es zwei Bahnhöfe auf dieser Bahnlinie. Der Hauptbahnhof befindet sich etwa drei Kilometer von unserem Haus entfernt. Der zweite Bahnhof, die »Haltestelle Stadt«, liegt eine Station weiter, eine kurze Strecke von kaum einem Kilometer, ganz nahe unserem Haus. Immer wieder kam es vor, dass Gäste am Hauptbahnhof ausstiegen, obwohl man ihnen genau erklärt hatte, sie sollen an der »Haltestelle Stadt« aussteigen.

Auch Naoko hatte ihrer Freundin eingeschärft, wo es auszusteigen galt. Es war Winter, kalt und finster, und ich wollte Hanaka unbedingt mit dem Auto abholen. Irgendwie war mir diese Geschichte nicht geheuer. So nahm ich Naokos Vater und Peter im Auto mit.

Wir fuhren zur Haltestelle. Na, was soll ich sagen! Niemand stieg aus, der Zug war leer, als er ankam. Wieder einmal musste der Besuch zu früh am Hauptbahnhof ausgestiegen sein.

Gott sei Dank war damals die Haltestelle noch von einem Stationsvorsteher besetzt. Ich beschwor ihn, den diensthabenden Kollegen am Hauptbahnhof anzurufen. Dieser möge durch den Lautsprecher sagen: »Miss Hanaka, please wait in front of the station. Please wait!«

Hanaka wusste weder unseren Familiennamen noch die Adresse, wohin sie gehen sollte. Ich fürchtete, wir würden sie nicht finden, wenn sie planlos nach uns suchte (Handys gab es noch nicht).

Mit überhöhter Geschwindigkeit fuhr ich zum Hauptbahnhof, und alles kam wie erhofft. Vor dem Eingang stand sie, groß, schlank, elegant. Sie lachte aus voller Kehle und konnte sich kaum beruhigen. Später zu Hause erzählte Naoko, Hanaka habe ihr Folgendes gesagt: »Da komme ich in das letzte Kaff im tiefsten Tal von Österreich, und sie wissen, wie ich heiße!« Der Abend wurde mit Sushi, Maki und koreanischen Nudeln noch sehr lustig.

Wilmas Krautrouladen

(inspiriert von der Mutter meiner Steyrer Freundin Susi)

1 Weißkrautkopf

gemischtes Faschiertes

Zwiebel

Knoblauch

verschiedenes Gemüse, fein geschnitten (Zucchini, Karotten, Lauch ...)

Salz, Pfeffer

etwas Suppenwürze

Sambal Oelek

Garam Masala

Paprikapulver

etwas Olivenöl (wenn das Faschierte mager ist)

und auf Wunsch auch Rosinen

Tomatensoße

Olivenöl

Petersilie

Blanchiere zuerst das Kraut: Koche Salzwasser in einem großen Kochtopf auf und lege kurz (2–3 Minuten) den Krautkopf hinein. Nimm ihn aus dem Wasser, nun kannst du 2 oder 3 Blätter gut abheben (Vorsicht, heiß!). Wiederhole den Vorgang so oft, bis du genügend Krautblätter hast. Mische das Faschierte mit den Gewürzen und allen anderen Zutaten.

Schneide den Strunk jeden Blatts heraus. Nun kannst du die Blätter mit dem Faschierten füllen und zu Päckchen zusammenwickeln.

Gib Olivenöl in eine Backpfanne und lege die Rouladen eng aneinander. Brate sie ca. 30 Minuten bei 180 °C im Backrohr, sie sollen aber nicht braun werden (ev. Alufolie darüberlegen). Dann bedecke sie mit Tomatensoße (zuvor gut abgeschmeckt mit Salz, italienischen Kräutern, etwas Zucker und Essig) und lasse sie eine weitere Stunde bei ca. 160 °C schmoren.

Vor dem Servieren mit frischer Petersilie bestreuen. Mit Weißbrot und Rotwein genießen!

Germstriezel

500 g Mehl

150 g Butter

70 g Zucker

4 ganze Eier

30 g Germ

⅛ l Milch

geriebene Schale
von 1 Bio-Zitrone

3 EL Rum

Rosinen (wenn erwünscht)

Eiermilch zum Bestreichen

ev. Hagelzucker

Zubereitung: Mehl in eine Rührschüssel geben, eine kleine Grube machen und die Germ hinein bröseln. Etwas lauwarme Milch und wenig Zucker dazugeben. 10 Minuten oder länger rasten lassen. Die Butter langsam in einem Topf schmelzen, Zucker, Rum, die Zitronenschale und die Milch hinzufügen und auskühlen lassen, die Eier einrühren und diese Flüssigkeit zum Mehl dazugeben. Nun ist die Rührmaschine für etwa 20 Minuten an der Arbeit. Danach den Germteig gut zugedeckt gehen lassen (mindestens eine Stunde oder länger), bevor er weiterverarbeitet werden kann.

Ich mache aus dem Teig zuerst einen vierteiligen Zopf, darauf lege ich noch einen dreiteiligen Zopf. Man kann auch zwei dreiteilige Zöpfe flechten, nur einen vierteiligen oder auch nur kleine runde Brioches herstellen.

Die Zöpfe vor dem Backen noch einmal eine halbe Stunde gehen lassen (oder länger). Ist der Teig schön aufgegangen, bestreicht man ihn vorsichtig mit Dottermilch, streut auf Wunsch Hagelzucker darüber und schiebt ihn ins 190 °C vorgeheizte Rohr (Ober- und Unterhitze).

Achte darauf, dass der Teig auf der Oberseite nicht zu braun wird. Bedecke ihn im Fall des Falles mit Alufolie. Auch die Unterseite soll gut gebacken sein (Klopfprobe: Wenn du mit einem Kochlöffel leicht auf die gebackene Oberseite klopfst, muss es hohl klingen).

Mein beliebter Germstriezel (Brioche) mit Hagelzucker.

Die oben genannten Gäste waren nicht die Einzigen, die immer wieder den Weg zu ihrem Professor gefunden haben. Auch ehemalige Studenten aus Bolivien, die bei ihm in Santiago de Chile studiert hatten, mit ihren Söhnen, eine Chorsängerin mit ihrer Tochter, ebenfalls aus Chile, und manch andere Musiker aus Peters vielen Orchestern kamen zu Besuch. Immer war das eine große Freude und ließ mich beim Kochen zur Hochform auflaufen.

Einmal kam überraschend der Konzertmeister von Peters »Siegerland-Orchester«, das er gegründet hatte. Es war Mittagszeit und ich hatte nichts Großartiges vor zu kochen. Es war ein schöner Junitag und der Holunderstrauch in meinem Garten trug wunderbare Blüten. So entschied ich mich kurzerhand für gebackene Holunderküchlein (bei uns nennt man sie Hollerstrauben). Unser Gast war begeistert, und ich war erfreut, dass es mir gelungen ist, schnell etwas so Seltenes und Gutes auf den Teller gezaubert zu haben.

Gebackene Holunderküchlein

(einfach und rasch gemacht)

Pflücke schöne, volle Holunderblüten, sieh nach, dass keine Insekten darauf krabbeln. Bereite einen Palatschinkenteig (für meine deutschen Freunde: Pfannkuchenteig) und tunke die Hollerblüten darin kurz ein. Brate sie in einer Pfanne in einem Butter-Öl-Gemisch, bis sie goldgelb sind. Gib genügend Fett in die Pfanne, dann werden die Küchlein schön knusprig. Vor dem Servieren mit Staubzucker (Puderzucker) bestreuen.

***Palatschinkenteig**: 2–3 Eier gut verrühren, etwas Milch und Rum, eine Prise Salz, Vanillezucker und so viel Mehl hinzufügen, dass ein lockerer, relativ flüssiger Teig entsteht. Gut verrühren. Es tut dem Teig gut, wenn er etwas rasten kann. Manche Leute geben auch noch Mineralwasser dazu, das soll den Teig lockerer machen (ist aber meiner Meinung nach nicht notwendig).*

***Mein Tipp**: Ich schneide während des Backens die nach oben wegstehenden Ästchen der Holunderblüten mit einer Schere ab. So kann man die Blüten besser wenden und braten.*

Ein weiterer, gern gesehener Gast war André. Er kam aus Vorarlberg und studierte Dirigieren in Wien. Er fuhr selten nach Hause, und er sang oft bei Peters Messen mit. Wir luden ihn manchmal an den Wochenenden ein, er befasste sich viel mit meinem Sohn Ulrich, dessen musikalischer Wissensdurst nicht zu stillen war. Die beiden harmonierten sehr.

Bevor André das erste Mal zu uns reiste, hatte Peter ihm genau beschrieben, wie er mit der Bahn nach Waidhofen gelangte und wo er aussteigen sollte: Haltestelle Stadt! Es war Winter, dunkel und kalt. Peter und ich fuhren mit dem Auto, um ihn abzuholen. Wieder einmal war niemand im Zug. Aha, falsch ausgestiegen, wie wir es schon oft erlebt hatten!

Wir wollten schon den kleinen Bahnhof verlassen, doch ein eigenartiges Gefühl ließ mich noch einmal zurückblicken. Da tauchten plötzlich ein Hut und gleich darauf eine Geige aus dem finsteren Graben auf der anderen Seite des Bahngleises auf! Langsam richtete sich eine Gestalt auf, es war André!

Wir liefen eilends hin und halfen ihm aus dem eineinhalb Meter tiefen, verschneiten Graben heraus. Alles klärte sich auf: Der Zug war nicht vor dem beleuchteten Bahnhofsschild stehen geblieben, sondern schon etwas davor. André war der letzte Fahrgast und wusste nicht, auf welcher Seite er aussteigen sollte. Er wählte prompt die falsche Seite und stürzte in den Graben. Zum Glück hat er sich nicht verletzt.

Oft noch kam er zu Besuch, es waren immer sehr angenehme Wochenenden. Ulrich war abgelenkt und zufrieden. André nahm mir die erschöpfende Überei mit der Geige ab. Die beiden spielten auch zusammen Klavier, komponierten und philosophierten über Musik. Danke, André!

17 Peter, der alles lobte und nicht wusste, was er aß

Peter Richter de Rangenier leitete viele Jahre den Kirchenchor in unserer Stadtpfarrkirche. Dieser Chor hat eine sehr lang zurückreichende Tradition. Als Chorleiter war er mir bekannt, er leitete auch einen Kinderchor an der Musikschule. Johanna, meine Nichte, die nach dem Tod ihrer Mutter bei mir lebte, und mein Sohn Ulrich sangen in diesem Chor.

Mein langjähriger Lebensgefährte Peter Richter de Rangenier und ich.

Manchmal spielte ich an hohen katholischen Feiertagen bei den Messen in der Kirche mit der Geige mit. Peter fiel mir wegen seiner Professionalität auf – schließlich war er ein Dirigent von internationalem Ruf, das hatte ich in Erfahrung gebracht –, aber auch wegen seiner Nervosität und Sensibilität, die er bereitwillig an den Tag legte.

Auch bei seinen Produktionen des Weihnachtsoratoriums und Magnificats von J. S. Bach spielte ich mit. Hier nahm ich ihn das erste Mal als Komponisten wahr. Er hatte, da Bachs Magnificat zu kurz für ein Konzert gewesen wäre, »auf die Schnelle« noch ein »Magnificat für Flöte solo« komponiert. Dazwischen wurden bei dem Konzert Texte aus dem Gedichtzyklus »Das Marien-Leben« von Rainer Maria Rilke rezitiert.

Die Flötistin hat Peters Magnificat beeindruckend wiedergegeben. Ich war erstaunt und begeistert. Noch heute zählt es zu meinen Lieblingsstücken. Wenn ich es höre, ist Peter mir nahe.

Peter war geschieden, er war charmant und wusste, wie er Eindruck auf Frauen machen konnte. Es blieb mir nicht verborgen, dass er manchmal länger als nötig seinen Blick auf mir ruhen ließ. Immer wieder einmal wechselte er nette Worte mit mir.

Nach dem plötzlichen Tod meines Mannes im Februar 1992 – er war noch nicht einmal fünfzig Jahre alt – entschlossen wir uns, beim Osterhochamt in der Stadtpfarrkirche mitzuspielen. Mein Sohn, damals erst zehn Jahre alt, spielte ganz ordentlich Geige, Johanna, vier Jahre älter als Ulrich, spielte schon sehr gut. Ursprünglich wären mein Mann und ich ans Rote Meer tauchen gefahren. Doch das Schicksal wollte es anders.

Ich war also mit vierzig Jahren unerwartet Witwe geworden, mein Sohn Halbwaise. Ich wünschte und hoffte, dass die Musik uns von unserem Kummer und den vielen Sorgen etwas ablenken würde.

Viele Beileidsbekundungen kamen per Post ins Haus. Eine besonders beeindruckende lag eines Tages in meinem Briefkasten. Es war ein Päckchen von Peter Richter. Er hatte vom Tod meines Mannes im Schaukasten der Druckerei Stummer erfahren und mir eine Musikkassette geschickt: auf einer Seite war das Requiem von Gabriel Fauré – Peter hatte es an der schönsten Stelle: »In Paradisum« gestoppt –, auf der anderen Seite eine Komposition von ihm selbst zu hören: seine Orgelsolomesse. Dazu ein kurzer Brief und die Kopie des »In Paradisum« seines selbst komponierten Requiems mit einer Widmung für mich und meine Kinder. Ein vierblätteriges Kleeblatt lag bei. Wie liebevoll! Er wollte mir auf diese Weise Glück und Zuversicht wünschen.

Überrascht und berührt hörte ich mir oft die Kassette an. Ich fand, die Orgelsolomesse ließe tief in seine Seele blicken.

Bei den Proben zum Osterhochamt nutzte ich die Gelegenheit, mich bei Peter Richter zu bedanken und ihn zu einem Glas Wein bei mir zu Hause einzuladen. Gerne nahm er die Einladung an, und das

Peter beim Komponieren.

war der Anfang von knapp dreißig fast immer glücklichen Jahren, die wir zusammen verbrachten.

Peter hatte – ich habe es bereits geschildert – von Hausarbeit und Kochen keine Ahnung. Er war Jahrgang 1930. Damals wurden die Söhne nicht zu »niederen« Arbeiten wie Kochen usw. erzogen. Sie mussten Karriere machen, um Haus und Kinder kümmerten sich die Frauen.

In Chile, wo Peter nach seiner Scheidung als Dirigent in der Oper und als Lehrer für Komposition an der Universität Santiago arbeitete, hatte er eine Köchin. In Wien, wo er als Lehrer an der Musikhochschule unterrichtete, ernährte er sich von Frankfurter Würsteln vom Würstelstand. Bis zu seinem Tod aß er sie gern.

Mein Ehemann Franz hatte ganz passabel gekocht, aber weder für Abwasch noch Putzen war er zu haben. Das war meine Aufgabe. Auch bei Peter musste wieder ich das Regiment in der Küche übernehmen. Er war willig und hilfsbereit, trocknete das Geschirr ab oder saugte den Boden. Aber seine Leistungen in dieser Hinsicht waren »mangelhaft«. Wies man ihn darauf hin, erklärte er stoisch: »Aber dafür kann ich eine dreistimmige Fuge schreiben.«

In dieser Zeit hat Peter sehr viel komponiert. Sein Oeuvre umfasst mindestens 300 Werke, vier Opern, zehn Symphonien, Solokonzerte, Kammermusik, große geistliche Werke, Chorwerke, Chorsätze, viele Stücke für Orgel und anderes mehr.

Oft fuhren wir zu (Ur-)Aufführungen seiner Werke, spannend war das, aufregend und prickelnd. Ich lernte viele Musiker, Solisten und Dirigenten von internationalem Ruf kennen. Da ging es manchmal nach den Konzerten amüsant zu. Peter war schlagfertig und hatte einen zynischen Witz.

Einmal war Peter als »lebender Komponist« bei einem Festival eingeladen. Nachdem sein Werk, damals das »Magnificat für Flöte solo« zu hören gewesen war, wurde er im Interview vor Publikum gefragt, warum es bei diesem Stück keine Klavierbegleitung gebe. Darauf Peter: »Wenn ich gewusst hätte, dass Josef Klavier spielen kann, hätte ich es mit Klavierbegleitung komponiert.« (Das Magnificat ist der Lobgesang Mariens zum Abendgebet.) Das Publikum lachte schallend.

Wenige Jahre später war Peter wiederum bei diesem Festival eingeladen. Diesmal stand seine Solosonate für Violine auf dem Programm. Ein italienischer Geiger mit Namen Raffaeli hat sie wunderbar aufgeführt. In einem Folder hatte dieser das Stück in alle Einzelteile zerpflückt, ausführlich erklärt und interpretiert.

Beim anschließenden Interview bedankte sich Peter bei Herrn Raffaeli für die umfassende Beschreibung seines Stücks und meinte abschließend: »... und jetzt kenne ich erst mein Werk!« Wiederum folgte lautes Gelächter.

Eine ungewöhnliche Begebenheit ereignete sich während einer Reise, bei der Peter mir fast alle seine Wirkungsstätten als Dirigent in Deutschland zeigte. Da waren das Theater an der Rott in Eggenfelden, wo er Mozarts »Zauberflöte« inszeniert und dirigiert hatte, der Herkulessaal, Spielstätte des Orchesters des Bayerischen Rundfunks in der Münchner Residenz, der Ort von unzähligen Rundfunkaufnahmen. Dann waren da das Operettenhaus auf der Reeperbahn in Hamburg – dort hatte er lange Jahre die verschiedensten Musicals und Operetten dirigiert –, und der neoklassizistische, imposante Konzertsaal im Regentenbau in Bad Kissingen (einer der besten und schönsten Konzertsäle der Welt). Dort hatte er mit seinen Hofer Symphonikern (gegründet 1945), gemeinsam mit den Bamberger Symphonikern, wunderbare Konzerte mit berühmten Solisten vor erlesenem Publikum aufgeführt.

Peter beim Dirigieren.

Wir besuchten auf unserer Reise auch das Apollo-Theater in Siegen, die ehemalige Musikschule in Hilchenbach, in der er nach dem Krieg sein erstes Orchester gegründet hatte, und das Theater in Hagen in Nordrhein-Westfalen – hier hatte er sein erstes Engagement als junger Kapellmeister. Nicht zu vergessen das Theater in Hof (Oberfranken), wo er sieben Jahre als GMD (Generalmusikdirektor) angestellt war, und die vielen Orte, in denen er mit seinem Orchester die sogenannten »Abstecher« gespielt hat.

Peter zeigte mir auch das Theater des Westens in Berlin, in dem er viele Musicals dirigiert hatte, und die Restaurants, in denen er gegessen hatte (falls es sie noch gab). Wir spazierten auf Wegen, die er früher gegangen war, und saßen auf Bänken, die oft noch an denselben Stellen standen.

Manches fanden wir auf unserer Nostalgiereise nicht mehr, die vielen Jahre hatten jegliche Spuren verwischt. Den Antiquitätenläden statteten wir einen Besuch ab, sofern sie noch vorhanden waren, und Peter erinnerte sich ganz genau, was er wo gekauft hatte. So auch in Berlin. In den Arkaden unter der S-Bahn fand er tatsächlich jenen

Trödelladen, in dem er vor mehr als dreißig Jahren Möbel für sein neues Heim in Hollenstein erworben hatte. Damals war vereinbart worden, dass eine Spedition die Möbel nach Österreich liefern sollte. Das wurden sie auch. Aber ein Sessel, den er bezahlt hatte, war nicht dabei.

Man soll es nicht glauben, aber die hübsche Besitzerin von damals stand noch immer in diesem Laden. Beim Betreten des Geschäfts raunte Peter mir zu: »Mein Gott, die gibt es ja immer noch!«, begann plötzlich mit hoher Tenorstimme in Abwandlung eines bekannten Schlagers zu singen: »Ich hab' noch einen Sessel in Berlin, und der ist sicherlich hier drin« und umarmte die Frau stürmisch.

Diese wusste im Moment nicht, wie ihr geschah, doch als sie ihm ins Gesicht schaute, rief sie hocherfreut und auf Berlinerisch: »Oh, herrje, der Pinsler vom Theater!« Das Theater des Westens lag ganz in der Nähe, und Peter hatte in den Pausen und spielfreien Zeiten wahrscheinlich viele Stunden in diesem Laden verbracht. Sie hat ihn tatsächlich nach so vielen Jahren wiedererkannt.

Tränen der Rührung standen in ihren Augen. Dann erzählten sie sich ihre Lebensgeschichten – und sie hatten sich viel zu erzählen! Schließlich kam das Gespräch auf den Sessel. Dieser war natürlich nicht mehr vorhanden. Zwei Mal verkauft und zwei Mal verdient! Als Trost und zur Feier des Wiedersehens bekamen wir mehrere Gläschen Schnaps.

Die Musik war Peters Leben.

Zu Hause kehrte nach dieser schönen Reise wieder der Alltag ein. Ich ging zur Arbeit in die Schule, kam nach dem Unterricht abgekämpft heim und begann zu kochen. Endlich stand das Essen auf dem Tisch.

Peter aß, aber ich bemerkte, dass er mit den Gedanken in anderen Sphären weilte. Auf die Frage, wie es ihm geschmeckt habe, antwortete er immer gleich höflich: »Es war sehr gut.« Fragte ich aber nach, was er da gegessen habe – er wusste es nicht und stotterte: »Na, so eine Art von …« Oder als wir einmal einen feinen Tafelspitz gegessen hatten, fragte er: »War das Fisch?« Nur einmal hat er einen Wunsch geäußert: »Mach doch wieder einmal Pizza.«

Peter wurde nach einer Operation an der Bauchspeicheldrüse zum Diabetiker, und danach begann allmählich der gesundheitliche Abbau.

2016 wurde er wieder mehrmals operiert, danach stellten wir Pflegerinnen an, die die körperliche Pflege übernahmen.

Für das Herz und die Liebe war ich zuständig. Er hatte sein cholerisches, nervöses Verhalten abgelegt und wurde zu einem liebenswürdigen, geduldigen und humorvollen Menschen.

Die Betreuerinnen stammten aus Kroatien und waren tüchtige, liebe Frauen. Wir hatten großes Glück! Wir verstanden uns bis zuletzt ganz prächtig, und sie konnten wunderbar kochen.

Mira, aus Zadar an der Adriaküste, beherrschte die dalmatinische Küche wie keine andere. Sie hatte, bevor sie sich entschlossen hatte, als Betreuerin in die Fremde zu gehen, in vielen gehobenen Restaurants ihrer Stadt gearbeitet. Vom Fischmarkt brachte sie oft Tintenfische, Branzine und verschiedene andere Fische mit. Außerdem Obst und Gemüse aus ihrem Garten, Olivenöl von ihren eigenen Olivenbäumen, Wein, Schnaps, Schokolade und vieles mehr. Wie musste sie sich abgeschleppt haben, war sie doch oft zwölf Stunden per Bus und Bahn unterwegs gewesen.

Nena, unsere zweite Betreuerin, war aus Slawonien (Nordosten von Kroatien). Dort war die Küche etwas deftiger. Auch sie brachte jedes Mal Wein, Eier, geselchte Würste (vom Bauern nebenan) und

Peter mit seinen kroatischen Betreuerinnen Nena und Mira.

allerlei gute Sachen mit. Immer aber war eine Schachtel von »Bajadera« dabei, jenes köstliche Nugatkonfekt aus Kroatien.

Nena war beeindruckt von meiner großen Auswahl an Gewürzen und dem verschwenderischen Gebrauch in meiner Küche. Allmählich lernte sie diese auch beim Kochen zu verwenden. Eines Tages schrieb sie mir von zu Hause, nachdem ich ihr einige meiner Gewürzfavoriten gekauft hatte: »Ich koche jetzt so wie du!« Das freute mich sehr.

Ich vermisse diese beiden Frauen sehr. Nicht nur, weil sie mir bei der Pflege von Peter und bei der Hausarbeit wunderbar geholfen haben, sondern auch als Gesprächspartnerinnen. Da ihre Deutschkenntnisse noch immer verbesserungswürdig waren, grub ich meine Lehrerinqualitäten wieder aus und übte mit ihnen die deutsche Sprache. Dafür waren sie mir sehr dankbar.

Ich denke mit großer Bewunderung an ihre Geduld beim Zuhören meiner Monologe während des Frühstücks zurück. 10 Minuten vor 7 Uhr früh bereiteten sie das Frühstück. Punkt 7 stand ich auf und setzte mich zum gedeckten Tisch. Je nachdem, wann Peter aufwachte, blieb uns Frauen Zeit, gemeinsam zu frühstücken und zu plaudern. Oft dauerte unser Frühstück eine Stunde. Peter stand später auf und frühstückte allein, aber die Betreuerinnen saßen bei ihm und unterhielten ihn. Dann begann die tägliche Routine von Pflege und Hausarbeit.

Peter starb 91-jährig im Sommer 2021, friedlich und sich seines Endes bewusst, an Herzschwäche. Seine Urne begruben wir in meinem Garten. So ist er immer in meiner Nähe.

Drei seiner vier Kinder, sein Bruder Caspar und drei Enkelkinder waren bei der schlichten Zeremonie, wie Peter sie gewünscht hatte, dabei. Sein Enkelsohn Lukas hatte eine wunderschöne Urne gefertigt. Vassilissa, seine Schauspielenkelin, rezitierte vier Haikus, die Peter aus dem Japanischen ins Deutsche übersetzt und neu gedichtet hatte. Dazu wurde sein »Magnificat für Flöte solo« gespielt. Dann versenkten Peters jüngste Tochter Jessica und Lukas die Urne.

Vier japanische Gesänge aus dem 11. Jahrhundert

I. Den Frühlingstag wärmt die Sonne noch mild,
Kirschblüten umschweben die Bäume,
durchzittern die Luft.

II. Kurz war die Sommernacht,
schon weckt uns der Tag.
Wo nur hinter den Wolken schläft nun der Mond?

III. Herbstwinde treiben die Wolken
über den Mond dahin.
Hell und strahlend erscheint er uns nun.

IV. Ganz einsam mein Dorf
im Wintergebirge.
Keiner besucht erstorbene Blumen im Schnee.

Diese vier Haikus (ursprünglich in japanischer Sprache) hatte Peter für Klavier, Koto und Gesang auf Wunsch einer ihm befreundeten Japanerin vertont. Sie waren in einem Konzert von ihr und zwei weiteren Japanerinnen in Kimonos uraufgeführt worden (siehe Kapitel 16, »Gäste aus aller Herren Länder«).

Die Zehrung, wie man bei uns das Totenmahl nennt, fand in meinem Haus statt. Meine Freundin Armine, die aus Armenien stammt und in St. Petersburg studiert hatte, steuerte die Vorspeise bei: Russischer Fischsalat, eine Köstlichkeit, die auf der Zunge zergeht. Mein Sohn und seine Freundin servierten »Dreierlei Schnitzel« aus der Fritteuse, dazu gab es Kartoffeln und Mayonnaisesalat.

Das Dessert haben wir schon vor der Beerdigung gegessen, es war Peters Lieblingsmehlspeise: Kardinalschnitte mit Himbeeren (nicht mit Kaffeecreme, die mochte er nicht so gerne).

Lange saßen wir noch zusammen und tranken Rotspon, jenen berühmten Lübecker Rotwein, den uns Peters Bruder Andreas für diesen Anlass geschickt hatte.

Kardinalschnitte

MASSE 1:
5 Eiklar
180 g Kristallzucker
1 Pkg. Vanillezucker
1 Prise Salz

MASSE 2:
5 Eidotter
1 Ei
55 g Staubzucker
55 g glattes Mehl

FÜLLUNG:
½ l Schlagobers
20 g Staubzucker
2 Pkg. Sahnesteif
frische Himbeeren

Masse 1*: Den Eischnee mit Zucker, Vanillezucker und 1 Prise Salz sehr steif aufschlagen.* ***Masse 2****: Die Eidotter, das ganze Ei und den Staubzucker schaumig rühren, zum Schluss das Mehl unterheben.*

Den Eischnee in einen Spritzsack füllen und zwei mal drei Streifen (je 2 cm breit) mit einem Abstand von 2 cm auf ein Backtrennpapier spritzen. Danach die Dottermasse ebenfalls in den Spritzsack füllen und in die Zwischenräume einspritzen. Im vorgeheizten Rohr bei 170 °C Heißluft ca. 20 Minuten backen. Auskühlen lassen und das Backpapier abziehen.

Für die Füllung Schlagobers mit Sahnesteif und Zucker steif schlagen, Himbeeren dazugeben.

Den Teig in zwei Teile schneiden. Auf Teil 1 die Füllung geben, Teil 2 darauflegen. Die Kardinalschnitte mit Staubzucker bestreuen.

Tafelspitz

2 Rindsknochen

600–1000 g Tafelspitz (er ist ein besonderes, dreieckiges Stück aus der Hüfte des Rinds und mit einer Fettschicht überzogen, die nicht entfernt werden sollte)

Suppengemüse (Karotten, Sellerie, Petersilienwurzel, Lauch)

Salz, 1 EL Pefferkörner, 1 EL Wacholderbeeren, 3–4 Lorbeerblätter

etwas Suppenwürze

Schnittlauch

Zuerst die Rindsknochen kurz blanchieren (aufkochen und kalt abschrecken), dann in kaltem Wasser die Knochen, das Fleisch und alles andere zusetzen. Langsam 1,5 Stunden köcheln lassen.

Beim Tranchieren das Fleisch gegen die Faser schneiden.

Den fertigen Tafelspitz mit Schnittlauch bestreuen und etwas Suppe darüber gießen.

Zu einem Tafelspitz werden verschiedene Zuspeisen serviert, wie Semmelkren, geröstete Kartoffeln, Schnittlauchsoße, Apfelkren, Spinat etc. Ich serviere gern folgende Beilagen dazu:

Bratkartoffeln

Für die Zubereitung brauchst du mindestens 45 Minuten. Schäle die Kartoffeln, viertle sie der Länge nach, sodass Spalten entstehen, und koche sie ca. 7 Minuten in Salzwasser. Gib in eine Rohrpfanne etwas Olivenöl, 2 El Butter und einen Zweig Rosmarin. Die abgeseihten Kartoffelspalten gut darin schwenken und im 200 °C heißen Rohr backen. Mehrmals mit einem Bratenwender vorsichtig wenden, damit alle Seiten der Kartoffeln knusprig werden.

Schnittlauchsoße

In Milch eingeweichtes, gut ausgedrücktes Weißbrot (z. B. 2 Toastbrotscheiben), 2 gekochte Eidotter und 1 roher Eidotter mit dem Mixer im Mixbecher gut verrühren, dann wie Mayonnaise weiterverarbeiten (langsam neutrales Pflanzenöl zugeben, bis die gewünschte Menge erreicht ist). Mit Senf, Salz, Zucker und fein geschnittenem Schnittlauch würzen.

Apfelkren

Schäle säuerliche Äpfel, schneide sie in Viertel und koche sie in etwas Wasser, bis sie weich sind. Gieße den Apfelsaft ab. Die Äpfel mit dem Mixer zerkleinern, mit Salz, etwas Essig, wenig Zucker und frischem Kren nach Geschmack würzen. Vor dem Servieren etwas durchziehen lassen.

18 Die endlose Geschichte der Klaviere

Viele Jahre spielte ich im Orchester unserer Stadt. Die Probenräume befanden sich im Gebäude des sogenannten Stadtsaals. Eines Tages wurde spontan der alte, aber noch gute Konzertflügel der Firma Bösendorfer aus dem Bühnenraum entsorgt. Mir blutete das Herz, wenn ich daran dachte, dass er auf dem Sperrmüll landen würde. So entschied ich mich, diesen Flügel in mein neues Haus aufzunehmen. Der Transport war nicht ganz einfach, vor allem, auf die Schnelle starke Männer zu finden, die ein sehr schweres, sperriges Instrument transportieren konnten. Es kostete eine Stange Geld.

Ulrich war damals drei Jahre alt. Er probierte gern die Tasten und erfreute sich an ihren Klängen. Kurz darauf wurde mir ein anderer Konzertflügel eines verstorbenen Musikers angeboten. Es war ein wunderschönes, historisches und noch gutes Instrument. So wurde der Bösendorfer zu meinem Bruder nach Wien übersiedelt. (Lange diente er neben dem gelegentlichen Klavierspiel auch als Wickeltisch für seine drei Söhne, die im Abstand von zwei Jahren auf die Welt kamen.)

Für die Übersiedlung bestellte ich nun eine Spezialfirma. Es war die Firma Schmid aus Wien, und sie übernahm in der Folge noch viele weitere Klaviertransporte für uns.

Die Klavierträger waren junge, sehr kräftige Burschen. Ich attestierte ihnen einen ordentlichen Appetit und bereitete ihnen immer eine kräftige Linsensuppe mit geräucherten Würsten zu. Sie aßen mit Begeisterung.

Mit sechs Jahren begann Ulrich an unserer örtlichen Musikschule mit dem Unterricht für Geige und Klavier. An beiden Instrumenten zeigte er großes Talent. Ulrich übte bei Oma, die ja Klavier spielen konnte. Sie hatte ihr altes Hoffmann-Pianino verkauft, und wir hatten ein neues Klavier erworben, damit die Kinder ein gutes Instrument zur Verfügung hatten.

Geige übte Ulrich mit mir. Bald zeigte sich bei ihm ein ausgeprägter Hang zur Resistenz, zu Widerstand und Ablehnung. Mit Oma ging es nicht mehr. Er wollte einfach ihre Fingersätze nicht übernehmen. Ich hatte die ewigen Streitereien satt. So wurde wieder ein neues Piano für ihn angeschafft. Nun übte er allein und mit gutem Erfolg.

Die Firma Schmid übernahm auch den Transport von Peters Klavier von Hollenstein in seine Wohnung nach Waidhofen. Der historische Flügel, der noch immer bei uns stand, wurde zu einer mir nicht mehr im Gedächtnis gebliebenen Familie übersiedelt.

Später ließ Peter seine Wohnung auf und zog ganz zu mir. Der Flügel musste mit. In der Zwischenzeit war Ulrich schon zwölf Jahre alt und wurde am Bruckner Konservatorium (heute: Anton Bruckner Privatuniversität) in Linz unterrichtet.

Mein Sohn Ulrich am Klavier.

Das Piano, das ich für Ulrich neu gekauft hatte, und Peters Klavier genügten nicht mehr. So wurde in Wien bei der Firma Stingl ein sehr guter gebrauchter Flügel gekauft. Firma Schmid transportierte wie immer.

Nach einem halben Jahr hatte der Flügel den Klang eigenartig verändert, er schepperte an allen Ecken und Enden. Mag. Gustav Ignaz Sych, der Chef persönlich, kam und inspizierte das Instrument. Er ließ Ulrich darauf spielen. Na ja, dieser Junge brauchte einen »Büffel« als Klavier. Ulrich spielte damals wie der Teufel.

Nun kaufte die Mama einen neuen, strapazierfähigen »Übungsflügel« der Marke Kawai. Die Firma Schmid transportierte, und die starken Männer bekamen wiederum die obligate Linsensuppe. Schon an der

Ulrich nach dem Solokonzert »Lisztfenster« in Eisenstadt.

Haustür sagten sie, dass sie sich schon die ganze Fahrt von Wien hierher auf die Suppe gefreut hatten.

Ulrich hatte bei der Firma Stingl den ausgestellten Konzertflügel der Marke Fazioli probiert. Ja, das wäre sein Klavier! Das erzählte ich den Klavierträgern, während sie die Suppe aßen. Da sagten sie im Chor: »Das reden Sie Ihrem Sohn aus! Viel zu schwer, der Fazioli!«

Im Jahr 2000 übersiedelte Ulrich nach Wien und studierte Klavier-Konzertfach am Konservatorium der Stadt Wien. Die Mama kaufte wieder einen robusten Flügel der Marke Kawai, natürlich ein besseres, neueres Modell. Dieses war für Wien, fünfter Stock, Wendeltreppe gedacht. (Wieder dieselbe Transportfirma, diesmal keine Suppe.)

Oft musste Ulrich übersiedeln, ich glaube insgesamt sechs Mal. Immer waren es die Nachbarn, die sich wegen »Lärmbelästigung« beschwert und ihn »hinausgebissen« hatten. Das Klavier musste natürlich immer mit.

Ulrich war damals schon als Pianist viel im Ausland unterwegs, spielte aber auch viele Konzerte in Wien. Mit 23 Jahren erkrankte er an TBC und musste etliche Monate im Krankenhaus und in Kuranstalten die schwere Krankheit auskurieren. Die Mutter kaufte ihm für das Krankenhaus ein transportables E-Piano. Später stellte er dieses Klavier einer begabten, aber mittellosen Schülerin zur Verfügung. Ich habe dieses Klavier nie mehr wiedergesehen.

Letztendlich wurden die Studentenwohnungen so klein und teuer, dass kein Flügel mehr Platz hatte. Mutter kaufte ein gutes, elektronisches Piano. Des ständigen Übersiedelns müde, verwendete Ulrich in seiner letzten Wohnung in Wien häufig die Kopfhörer. Die Wohnung befand sich in Ottakring, ganz nahe dem interkulturellen Brunnenmarkt. Im Haus lebten vorwiegend Ausländer, die mit dem jungen Pianisten einen viel toleranteren Umgang pflegten als die Einheimischen in den vorherigen Häusern. Der große Wiener Kawai-Flügel kam nach Waidhofen. Der alte musste zur Firma Stingl zurück und wurde leider mit hohem Verlust verkauft.

Mittlerweile war Ulrich mit seinen Studien fertig und wurde Konzertpianist – und Klavierpädagoge an verschiedenen Musikschulen. Er musste von irgendetwas leben, nur vom Konzertbetrieb allein wäre er verhungert. Ich glaube, das Unterrichten macht ihm Freude. (Das letzte Piano steht nun bei seiner Freundin in Zwettl.)

Vor einigen Jahren kaufte die Mutter noch einmal ein sehr gutes, japanisches Klavier, das mit allen elektronischen Finessen ausgestattet ist. Es war der letzte Flügel, den die Mutter bereitstellte. Sein ramponiertes Klavier wurde in Rechnung gestellt. Die nächsten Klaviere muss der Pianist selbst bezahlen.

Klavier-Linsensuppe

25 dag rote Linsen

Karotten, Petersilienwurzel, Zwiebel, Lauch, Lorbeerblätter, einige geschälte Kartoffeln

Salz, Suppenpulver

geräucherte Würstel

Petersilie

1 l Wasser

Röste in einem Topf die klein geschnittene Zwiebel, klein geschnittenes Gemüse, Linsen und würfelig geschnittene Kartoffeln in Rapsöl an. Gieße mit Wasser auf und würze. Koche die Suppe ca. eine halbe Stunde (im Kelomat geht es schneller), püriere sie kurz und gib dann die Würstel dazu. Bestreue die Suppe vor dem Servieren mit frischer, fein gehackter Petersilie.

19 In meiner Küche

Meine Küche ist mein Lieblingsort. Sie ist mittelgroß, die Möbel und Geräte sind schon fast zehn Jahre alt. Diese Küche wurde von einer netten, geduldigen Küchenspezialistin eines schwedischen Möbelhauses und mir geplant.

Die Monteure brauchten drei Tage, um alles aufzustellen, und sie waren über die vielen interessanten Details, die diese Küche aufweist, sehr verwundert. Vorher hatte ich eine sehr teure und aufwendige Küche aus hellem Fichtenholz, sie hielt dreißig Jahre. Nun wollte ich eine andere.

Wichtig im Küchenreich sind mir eine große Arbeitsfläche, ein guter Herd, eine leicht zu reinigende Spüle, ein funktionierender Kühlschrank und eine gute, leise Spülmaschine.

Nach zehn Lebensjahren hat meine Küche nun schon einige Schwachstellen. So brach der Griff des Tiefkühlfachs meines Kühlschranks, die Umkleidung des Dunstabzugs weicht auf, und auch der Geschirrspüler bzw. das Möbel darum zeigen Ermüdungserscheinungen. Sonst funktioniert die Küche noch ganz gut.

Verschiedene elektrische Küchengeräte sind ein Muss, damit ich meine Speisen funktionell und schnell herstellen kann. Die starke Küchenmaschine ist ebenso unverzichtbar wie der kräftige Mixer, der Pürierstab, die Faschiermaschine, die verschiedenen Häckselmaschinen und meine Getreidemühle. Gute Messer, scharfe Schälmesser, mehrere Formen von Schneebesen, eine Geflügelschere, ein Spaghettiheber und eine Gurkenzange (zum Umdrehen von Laibchen, Gebäckstücken etc.) sowie manches mehr sind wichtige Hilfsmittel.

Nicht zu vergessen mein geliebter Kelomat (Dampfdruckkochtopf). Viele fürchten sich vor einer Explosion dieses Topfs und verwenden ihn deshalb nicht (so die kroatischen Pflegerinnen von Peter). Aber wenn der Topf gut gereinigt wird, funktioniert er viele Jahre problemlos. Und alles ist ruck, zuck gekocht. (Aber Vorsicht, manches ist

Hier bin ich am liebsten: meine Küche.

auch zu schnell gar und dann zu weich!)

Mein faltbarer, elektrischer Tellerwärmer, den ich vor Jahren billig gekauft habe, leistet mir gute Dienste, wenn ich Gäste habe. So bleiben die Speisen bis zum letzten Bissen warm. Auf alles andere, diversen Schnickschnack, lässt sich am heimischen Herd verzichten.

Meine Küche ist der Ort, wo ich esse, wenn ich allein bin, hier schreibe ich und hier sitze ich in meinem Korbsessel und denke nach. Ich sehe in den Garten hinaus, ins Wohnzimmer, ich höre alles, was im Haus vor sich geht. Und natürlich ist hier der Entstehungsort meines Alltagsessens (ich koche jeden Tag, auch für mich allein), aber auch der Speisen für meine Gäste.

Wer an meinen Rezepten interessiert ist, dem möchte ich einige Tipps und Tricks mitgeben, um verschiedene Speisen noch interessanter und schmackhafter zu machen.

- Da sind natürlich die Gewürze: Ich verwende sie meist verschwenderisch. Steht in einem Rezept: ein Lorbeerblatt, verwende ich mindestens drei. Wird eine Knoblauchzehe angeführt, nehme ich vier. Genauso bei Zwiebeln, Pfeffer, Kurkuma, italienischen Kräutern etc.
- Sollen die Speisen einen orientalischen Touch bekommen, gebe ich gern Rosinen, Kurkuma, Curry, Sambal Oelek, Garam Masala, Ras el-Hanout, etwas süßsaure Chilisoße (eine der wenigen

Zugeständnisse an Fertigprodukte), Ingwer, verschiedene Nüsse oder mein selbst gemachtes Apfel-Chutney dazu. So lassen sich einfache Fleischlaibchen, Fleischbällchen, Kartoffel- oder Reislaibchen geschmacklich variieren.

- Das Bio-Suppenpulver »Klare Bio-Delikatess-Suppe ohne Hefe« aus unserer örtlichen Drogerie verwende ich gern mal als Basis von Suppen, Soßen oder manchmal als Salzersatz.
- Anstatt in einer Pfanne mit viel Öl brate ich öfter im Backrohr. Ich verwende neutrales Rapsöl, Olivenöl und immer etwas Butter oder Ghee (selbst gemachtes Butterschmalz). So werden zum Beispiel die Wedges (Kartoffelspalten) knusprig, und ein Rosmarinzweig dazu gibt ein herrliches Aroma.
- Mayonnaise ist eine wichtige Zutat für viele leckere kalte Speisen (Knoblauch-, Petersilienmayonnaise etc.). Oft ärgerte ich mich als junge Hausfrau über misslungene Mayonnaise. Begann ich die Herstellung mit nur einem Dotter, gerann die Mayonnaise bald. So nehme ich heute immer zwei Dotter, und schnell ist sie fertig.
- Mehl mahle ich meistens frisch in meiner Getreidemühle. Wird in einem Rezept aber Weißmehl empfohlen, kaufe ich eine gute Qualität im Geschäft.

In meinem Garten wachsen in der warmen Jahreszeit viele Kräuter, die ich oft großzügig verwende. Schnittlauch, Liebstöckel, Majoran, Thymian, Oregano, Basilikum, Salbei, mehrere Pfefferminzarten, Rosmarin und andere gedeihen im Kräuterbeet.

Da der Garten teilweise schattig ist, kann ich Salat nur in Töpfen ziehen. Auch die vielen Nacktschnecken würden ihm schnell den Garaus machen. (Jeden Morgen gehe ich durch den Garten und sammle die Schnecken ein.)

Auch Tomaten gedeihen nicht jedes Jahr gleich gut, daher kaufe ich sie gern auf dem Markt, und ebenso das Gemüse, aber nur stückweise.

Salatliebhabern möchte ich meine »Französische Salatsoße«, Basis für fast jeden guten Salat, mit auf den Küchenweg geben. Diese lernte ich bei meinen Aufenthalten in Frankreich kennen. Salat wird dort als eigener Gang gegessen, meistens mit einem Stück Baguette, und immer mit Kräutern verfeinert.

Französische Salatsoße

Etwas Dijonsenf

Salz, Pfeffer

eine Prise Zucker (oder ein kleiner Spritzer Agavensirup aus der Flasche, sehr praktisch)

Olivenöl

Weinessig weiß

ev. Kräuter wie Estragon, Petersilie ...

Nimm ein kleines Schraubglas und gib 1 TL Dijonsenf, Salz, Pfeffer, 1 TL Zucker (oder Agavensirup) hinein, danach 3 EL Essig und 6 EL Olivenöl.

Verschließe das Glas und schüttle es gut. Fertig! Die Salatsoße im Kühlschrank aufbewahren.

Eine andere delikate Salatmarinade bereite ich gern, wenn ich im Herbst aus den Gärten meiner Freunde übermäßig viele Weintrauben bekomme. Diese Trauben schmecken zwar herrlich, aber sie haben große Kerne, das Essen der Trauben ist etwas mühsam. Ich mache vorzugsweise eine Marinade daraus.

Trauben-Essig-Marinade

400 g Weintrauben

400 ml Essig oder Balsamico

50 g Rohrohrzucker

4 Gewürznelken
4 Pimentkerne
1 Zimtstange
1 kleiner Sternanis

Essig mit Zucker erwärmen, bis er aufgelöst ist, Gewürze und gewaschene Weintrauben dazu und 12–15 Minuten köcheln.

Abkühlen lassen, gut zerstampfen und durch ein Haarsieb streichen

In eine saubere Flasche abfüllen.

Der Karpfensegen

Nun zu einer Begebenheit, die meine Küche und meine Nerven strapaziert, aber letztendlich zu guten Ergebnissen geführt hat.

Der Vater meiner Freundin Angelika war ein begeisterter Angler. Er fischte gern in den verschiedenen Teichen der Region, in denen aber fast nur Karpfen schwammen. Niemand in seiner Familie mochte Karpfen. Wilma war berühmt für ihre abwechslungsreiche Küche, und so wurde also ich mit Karpfen beschenkt. Das freute mich anfangs sehr, jedoch nahm der Eifer des Fischers derart zu, dass ich oft mehrere Karpfen sowohl in der Tiefkühltruhe als auch im Kühlschrank liegen hatte.

Der Karpfensegen versiegte nicht. Oft brachte Angelikas Vater täglich einen Fisch. Läutete es am Nachmittag an der Tür, und wurde kein Besuch erwartet, sagte Peter augenblicklich: »Die Karpfenlieferung!«

Manchmal rührten sich die Fische noch oder schlugen gewaltig mit der Schwanzflosse im Nylonsack aus, was mich sehr erschreckte, besonders wenn ich mich mit dem Messer näherte. Ich musste sie dann mit dem Fleischhammer erschlagen.

Das Ausnehmen war nicht schwierig, das Entfernen der Schuppen schon eher. Diese hatten die Eigenschaft, überall in der Küche herumzuspringen und an den Küchenmöbeln und auf dem Fußboden kleben zu bleiben. So schuppte ich meistens draußen im Garten. Aber auch dort musste danach alles von den Schuppen gereinigt werden.

Ich machte extra einen teuren Fischkochkurs und lernte das Filetieren. Ich kaufte in der Apotheke eigens Seziermesser, um das Karpfenfleisch von den Gräten besser lösen zu können.

Karpfen haben viele Gräten, und nicht alle meine Gäste schätzten diese. Daher aßen nur Peter und ich diese Fische. Bald aber hingen sie uns zum Hals heraus. Wir wussten, dass Karpfen gesund sind, aber in diesen Mengen! Ich kaufte mir noch ein Süßwasserfische-Kochbuch und probierte die verschiedensten Rezepte. Sie schmeckten herrlich, aber immer waren die Gräten das Problem.

Eines Tages war damit Schluss, und das kam so: Peter überraschte mich gern mit kleinen Geschenken. Er war schon eine geraume Zeit in Pension und liebte es, vormittags beschaulich durch die Stadt zu schlendern. Im »Weltladen« arbeiteten sehr nette Damen, die ihn zu einer Tasse Kaffee und Gesprächen einluden, wenn er sie besuchte (und das machte er häufig). Er revanchierte sich, indem er dort einkaufte und mir handgefertigten Schmuck, ein Halstuch oder Schokolade mitbrachte.

Bei einem Discounter suchte er nach interessanten CDs, und auch im einzigen Buchladen unserer Stadt machte er einen Besuch. Von dort brachte er mir eines Tages ein kleines Kochbuch mit: »Waldviertler Küche«. Wahrscheinlich lag es in einem Wühlkorb an der Straße und war verbilligt. Und die Hausfrauen unserer Stadt hatten offenbar wenig Interesse an dem Kochbuch. (Das Waldviertel war berühmt für seine großen Fischteiche, die Mönche schon im Mittelalter dort angelegt hatten.) Ich aber wurde in diesem Büchlein fündig: Karpfennockerl! Das war die Lösung!

Karpfenfleisch kann nie so genau filetiert werden, dass nicht doch noch Gräten vorhanden sind. Im Karpfennockerl-Rezept wird das Fleisch zwei Mal durch den Fleischwolf gedreht, und keine Gräte ist dann mehr zu finden.

Karpfennockerl

Das Karpfenfleisch zwei Mal durch den Fleischwolf drehen, um alle Gräten zu »vernichten«. Da das Fleisch sehr eiweißhaltig ist, braucht man weder Ei noch Mehl zur Bindung. Das Brät wird nur mit Salz, Pfeffer und frischen Dillspitzen gewürzt.

Von der Masse sticht man Nockerl ab (am besten mit einem oder zwei Esslöffeln) und lässt sie in einer klaren Gemüsesuppe ziehen, bis sie gar sind. Herausnehmen und warm stellen. Dazu wird eine Dillsoße (mit Einbrenn zubereiten) gereicht.

Dieses Gericht schmeckt sehr gut, und nie mehr bereitete ich Karpfen auf andere Weise zu.

Leider ist Angelikas Vater gestorben und mit ihm auch der »Karpfensegen«.

Peter hatte übrigens einen Hang zu verbilligten Waren, obwohl er schon lange nicht mehr sparen musste. So kaufte er gern abgelaufene Punschkrapferl, Gebäckstücke wie Nussschnecken, aber auch andere Dinge, die einen herabgesetzten Preis hatten. Oft versteckte er sie, denn er wusste, dass ich gar keine Freude damit hatte.

Dann vergaß er die versteckten Sachen, und unsere Putzfrau fand sie nach Wochen. Bald machte sie es sich zur Gewohnheit, noch vor Beginn der Arbeit nach diesen Dingen zu suchen. Sie wusste schon, wo er sie versteckt hatte. Waren die abgelaufenen Punschkrapferl noch genießbar, aßen wir beide sie auch mal zum Kaffee.

Dieses Horten und Verstecken resultierte vermutlich aus Peters Kindheit, wo in den Kriegs- und Nachkriegsjahren im Haushalt mit acht Kindern gespart werden musste. Die zugeteilten oder »zufällig gefundenen« Leckereien wurden sorgfältig vor den vielen Geschwistern versteckt.

Wie schön ist es, am Nachmittag Gäste zum Kaffee zu erwarten! Ohne eine Torte, ohne Kuchen oder kleine Gebäckstücke geht da gar nichts. Natürlich könnte man noch zum Bäcker laufen und Verschiedenes besorgen. Das mache ich auch manchmal, besonders in der Faschingszeit, wenn es die frischen Faschingskrapfen in den Konditoreien gibt oder das herrliche, knusprige »Fasnachtsgebäck« aus der Schweiz (nur in der Faschingszeit in einigen Supermärkten zu bekommen. Schmeckt herrlich, gefüllt mit Vanille-Schlagobers). Aber am liebsten bewirte ich meine Gäste mit selbst gebackenen Köstlichkeiten.

Alm-Topfentorte

(ein kostengünstiges, „schlankes" Rezept)

4 Eier

20 dag Staubzucker

2 Pkg. Vanillezucker

geriebene Schale und Saft von 1 Bio-Zitrone

2 EL Rum

1 kg abgetropfter Topfen

3 dag Weizengrieß

Butter und Mehl für die Form

1 Dotter mit wenig Wasser gemischt

Eier mit Zucker und Vanillezucker, Zitronenschale und -saft sowie Rum acht Minuten schaumig rühren. Den abgetropften Topfen (nicht schnell rühren, der Topfen verliert sonst zu viel Wasser) und den Grieß mit einem Schneebesen vorsichtig unterrühren. Den Boden einer Springform mit Backtrennpapier auslegen, den Formreifen befetten und bemehlen. Die Masse einfüllen und mit dem Dotter, vermischt mit 1 TL Wasser, die Oberfläche bestreichen. Im vorgeheizten Rohr bei 180 °C Ober- und Unterhitze eine Stunde backen.

Achtung, zuerst geht die Torte auf, und wenn sie abkühlt, sinkt sie ein.

Sie ist auf jeden Fall eine köstliche Sommertorte.

Die Alm-Topfentorte, fein, schnell gemacht und leicht (keine Kalorienbombe).

Meine Freundin Heidrun M. brachte mir einmal ein herrliches, schnell gemachtes Rezept:

Schokoladentorte

3 Eier

125 g Butter

250 g dunkle Schokolade (60–80 %)

125 g Zucker

3 EL Mehl

2 EL Rum

1 Pkg. Vanillezucker

GLASUR:

60 g dunkle Schokolade

etwas Kokosöl

ev. ein paar Spritzer Rumöl

Zuerst die Eier trennen, Eiklar zu festem Schnee schlagen. Die Butter mit Schokolade bei geringer Hitze im Wasserbad schmelzen lassen. Den Zucker dazu und etwas abkühlen lassen. Die Dotter einrühren und Rum, Eischnee und Mehl vorsichtig unterheben. Eine Springform befetten und mit Semmelbröseln ausstreuen, den Teig einfüllen und bei 160 °C etwa 30–35 Minuten backen.

Für die Schokoglasur erwärme ich das Kokosöl und lasse die Schokolade darin vorsichtig schmelzen, dann kommen noch ein paar Tropfen Rumöl hinein, das gibt ein gutes Aroma.

Die Torte nach Belieben verzieren. Oft glasiere ich sie nicht, sondern gebe beim Servieren einen Klecks Schlagobers auf jedes Tortenstück, auch frische Beeren machen sich gut dazu.

Willst du eine Torte zu Weihnachten verschicken (natürlich gut verpackt) oder als Mitbringsel herschenken (wenn vom Nikolaus Datteln und Kekse übrig geblieben sind), eignet sich diese Torte sehr gut, denn sie ist fest und schmeckt wunderbar.

Weihnachtstorte

200 g getrocknete Datteln

100 g Butter

100 g Zucker, abgeriebene Schale von einer halben Orange

6 Eier

1 TL Mehl

100 g geriebene Kekse (oder Brösel)

200 g gemahlene Mandeln

1 TL Zimt

1,5 TL Backpulver

100 g geriebene Schokolade

etwas Rum

Glasur (siehe Schokoladentorte), Sterne aus Backmarzipan ausstechen und in die weiche Glasur drücken.

Die Datteln drei bis vier Stunden in Wasser einweichen, dann klein schneiden. Butter und Zucker, Orangenschale und sechs Dotter schaumig rühren. Mehl, Keksbrösel, Mandeln, Zimt und Backpulver gut mischen und hinzufügen, ebenso die geriebene Schokolade und den Rum. Dann die zerkleinerten Datteln dazugeben. Zuletzt das Eiweiß steif schlagen und vorsichtig unterheben (dazu eignet sich am besten ein Kochlöffel mit einem Loch).

Den Teig in eine gefettete und mit Bröseln ausgestreute Springform füllen (Durchmesser 26 cm) und im vorgeheizten Rohr bei 160 °C etwa 45 Minuten backen. Glasieren und verzieren nach Belieben.

Besuch aus Korea

An anderer Stelle habe ich schon erzählt, dass Peters ehemalige ausländische Studenten von der Musikhochschule immer wieder nach Wien zurückkehrten, um privat Unterricht zu nehmen oder ihre begabten Schüler gewissen Professoren vorzustellen.

Haeok war in Pusan (Korea) eine Professorin für Klavier geworden und hatte eine sehr begabte 14-jährige Schülerin. Die beiden waren wieder einmal in Österreich und besuchten auch Peter. Die Schülerin wurde bei mir untergebracht, Haeok übernachtete bei anderen Freunden.

Ich war am nächsten Morgen zu träge, um frisches Gebäck vom Bäcker zu holen. Aber ich hatte noch eine Rolle fertigen Blätterteig von guter Qualität im Kühlschrank. So machte ich aus der Not eine Tugend und buk auf die Schnelle feine

Blätterteig-Zipfe

Ich öffnete die Rolle, »radelte« Dreiecke aus (zuerst Quadrate, dann diagonal durchschneiden), bestrich sie mit Eidotter und bestreute sie mit Kristallzucker, gemischt mit einem Päckchen Vanillezucker (oder Hagelzucker). Bei 200 °C im Rohr backen.

Man braucht diese Dreiecke nicht einmal vom Papier zu lösen, da dies zugleich ein Backtrennpapier ist.

Die Zipfe gingen wunderbar auf und wurden knusprig. Das Ganze dauerte nicht einmal zehn Minuten (Zubereitung und backen), und man hatte ein herrliches Frühstücksgebäck! Wunderbar auch mit selbst gemachter Marmelade!

Die kleine Koreanerin war von dem frischen Blätterteiggebäck begeistert, zeigte es aber nicht. (In Korea gilt das vielleicht als unfein, oder sie war einfach zu schüchtern.) Wenig später kam Haeok zu mir und fragte mich heimlich, welche Köstlichkeit ich ihrer Schülerin denn zum Frühstück kredenzt hatte. Ich klärte sie auf. Ich bin sicher, Haeok hat danach einige Rollen Blätterteig gekauft und nach Korea mitgenommen. Manchmal »zaubere« ich auch heute noch für Gäste dieses Gebäck, besonders wenn Kinder dabei sind.

Nun wünsche ich nochmals viel Spaß beim Lesen, Kochen und Backen und guten Appetit!

Abkürzungsverzeichnis

EL	Esslöffel
TL	Teelöffel
dag	Dekagramm
g	Gramm
l	Liter
ml	Milliliter
Pkg.	Packung(en)
ev.	eventuell

Rezeptverzeichnis

Über die Autorin

Wilma Hofmayer

Geboren im Dezember 1951 in Steyr, Stadtplatz 16.
Nach acht Jahren BRG Steyr Ausbildung zur Lehrerin in Linz.
1975–2013 Lehrerin an Sonderschule, Haupt- und Mittelschule.
Seit 2013 im Ruhestand. Mutter eines Sohnes. Nach dem plötzlichen Tod ihres Mannes knapp dreißig Jahre Lebensgemeinschaft mit dem Komponisten und Dirigenten Peter Richter de Rangenier (1930–2021). Begeisterte Geigenspielerin von klein auf, ehemals Mitglied in vielen Chören und Orchestern. Ihre Leidenschaft gilt nach wie vor dem Kochen. Zu ihren weiteren Hobbys zählen Reisen, Schwimmen, der Garten und kreatives Schaffen.

Weiters erschienen im Ennsthaler Verlag

Daniel Hobelsberger

Von draußen

Saisonale und vegane Gemüseküche – kombiniert mit Wildkräutern

208 Seiten, Hardcover
Format: 20 x 27 cm
ISBN 978-3-7095-0151-1

Michaela Hansl

Natürlich einfach – Kochen mit Haferreis

55 gesunde Rezepte

176 Seiten, Hardcover
Format: 20 x 27 cm
ISBN 978-3-7095-0127-6

Weiters erschienen im Ennsthaler Verlag

Rezepte aus dem Pfarrhaushalt

Gutes für Leib und Seele, Band 1

320 Seiten, Hardcover
Format: 16,5 x 24 cm
ISBN 978-3-85068-787-4

Rezepte aus dem Pfarrhaushalt

Gutes für Leib und Seele, Band 2

432 Seiten, Hardcover
Format: 16,5 x 24 cm
ISBN 978-3-85068-788-1

www.ennsthaler.at